1

刑法

农村普法教育连环画读本

NONGCUN PUFA JIAOYU LIANHUANHUA DUBEN

主编：胡云飞
彭　涌

普法为民
共建和谐

黑龙江美术出版社
Heilongjiang Fine Arts Publishing House
http://www.hljmscbs.com

目录

第一辑

第二辑

刑法 1

农村普法教育连环画读本

第一辑

本辑主要登场人物

●孙逊

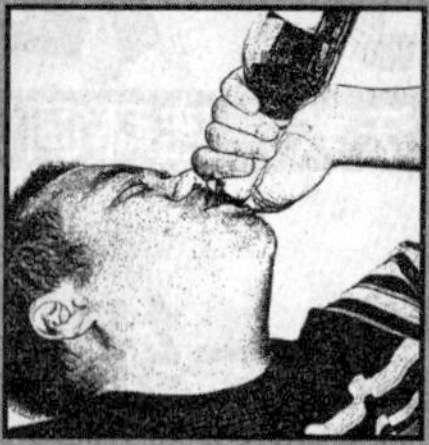
●刘强

●陈南

●张华

●大蓝子

●大蓝子的女儿

●二狗

●二老坏

●乘客

●偷车贼

●二奎

抢夺女友之战
绘画 肖刚

刘强和张华谈了两三年的恋爱，可是张华家里就是不同意这门婚事。

前几个月，刘强与张华因为点小事拌嘴，分手了。

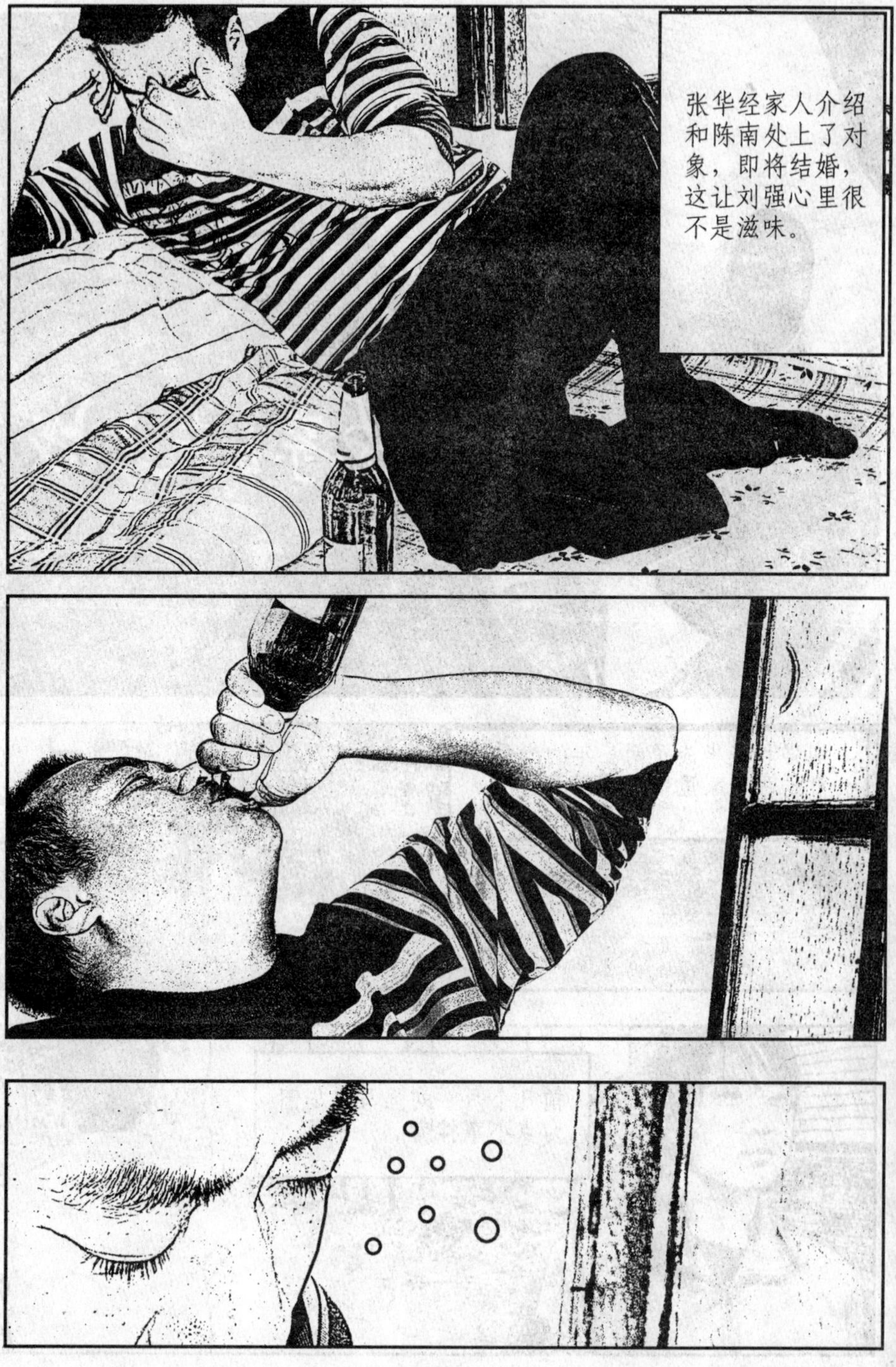
张华经家人介绍和陈南处上了对象，即将结婚，这让刘强心里很不是滋味。

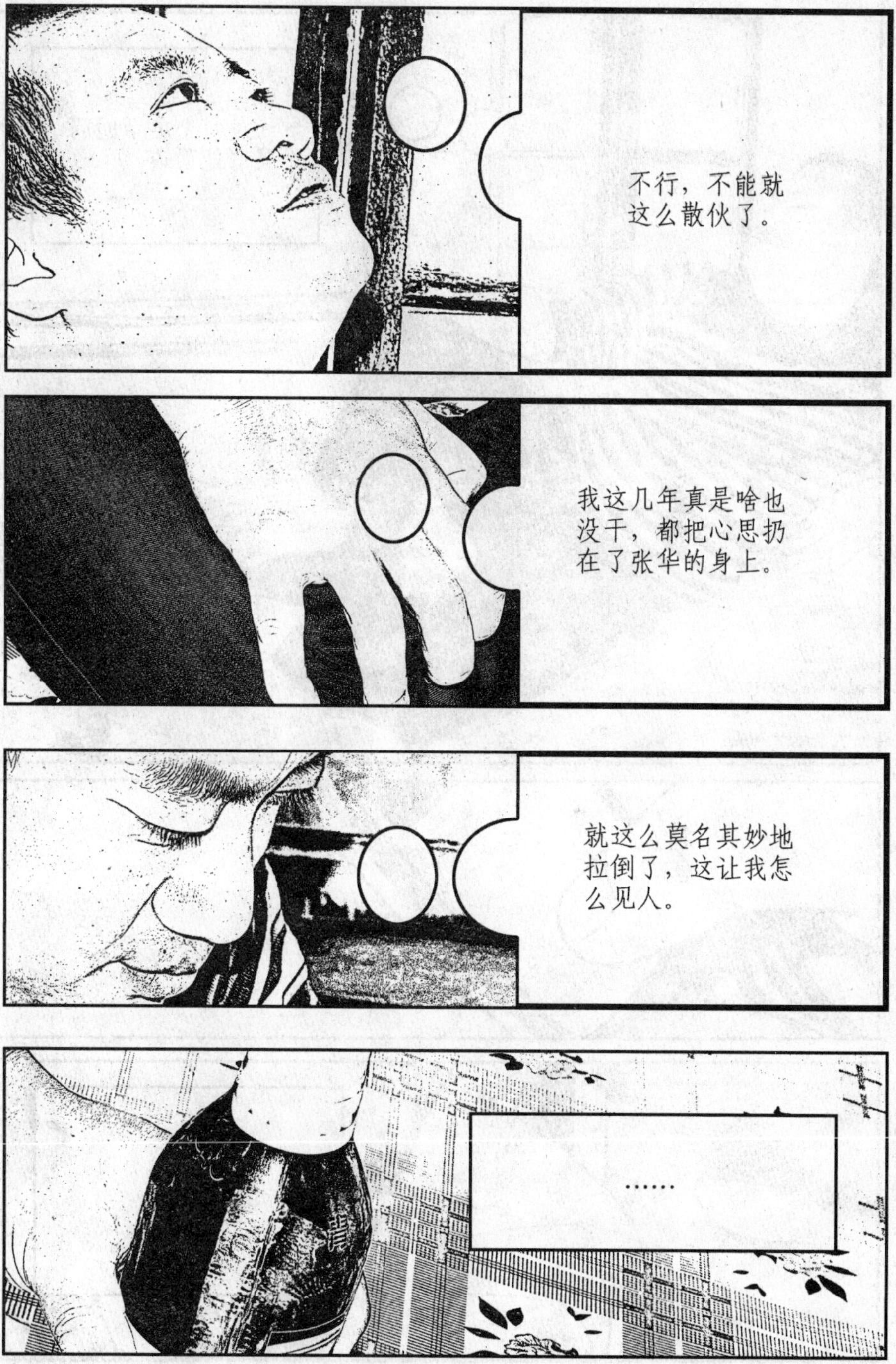
不行，不能就
这么散伙了。
我这几年真是啥也
没干，都把心思扔
在了张华的身上。
就这么莫名其妙地
拉倒了，这让我怎
么见人。
……

还是打个电话问问，
最好能面谈。
喂，是我呀，有时
间出来下吗？

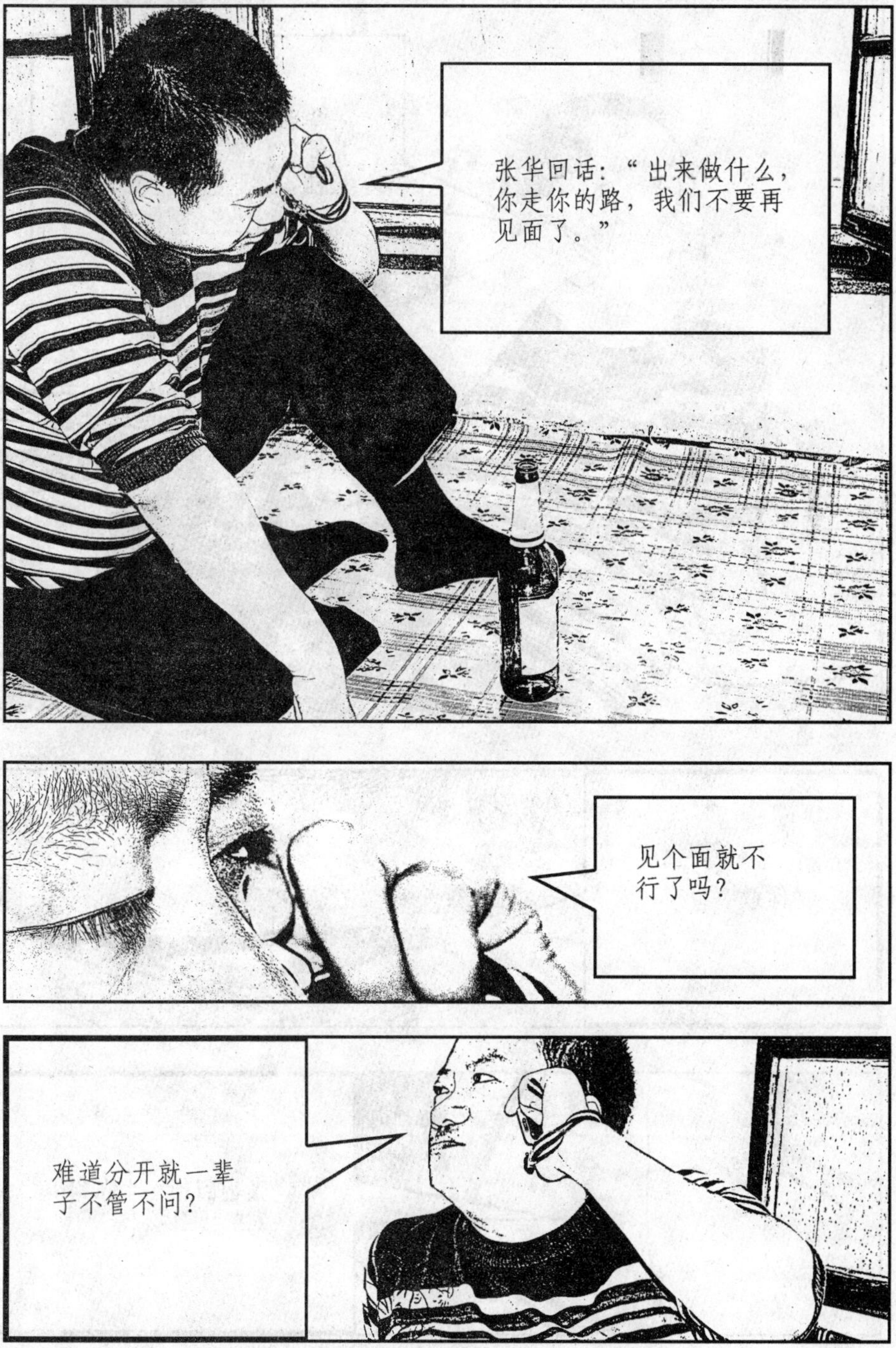
张华回话：“出来做什么，你走你的路，我们不要再见面了。”
见个面就不行了吗？
难道分开就一辈子不管不问？

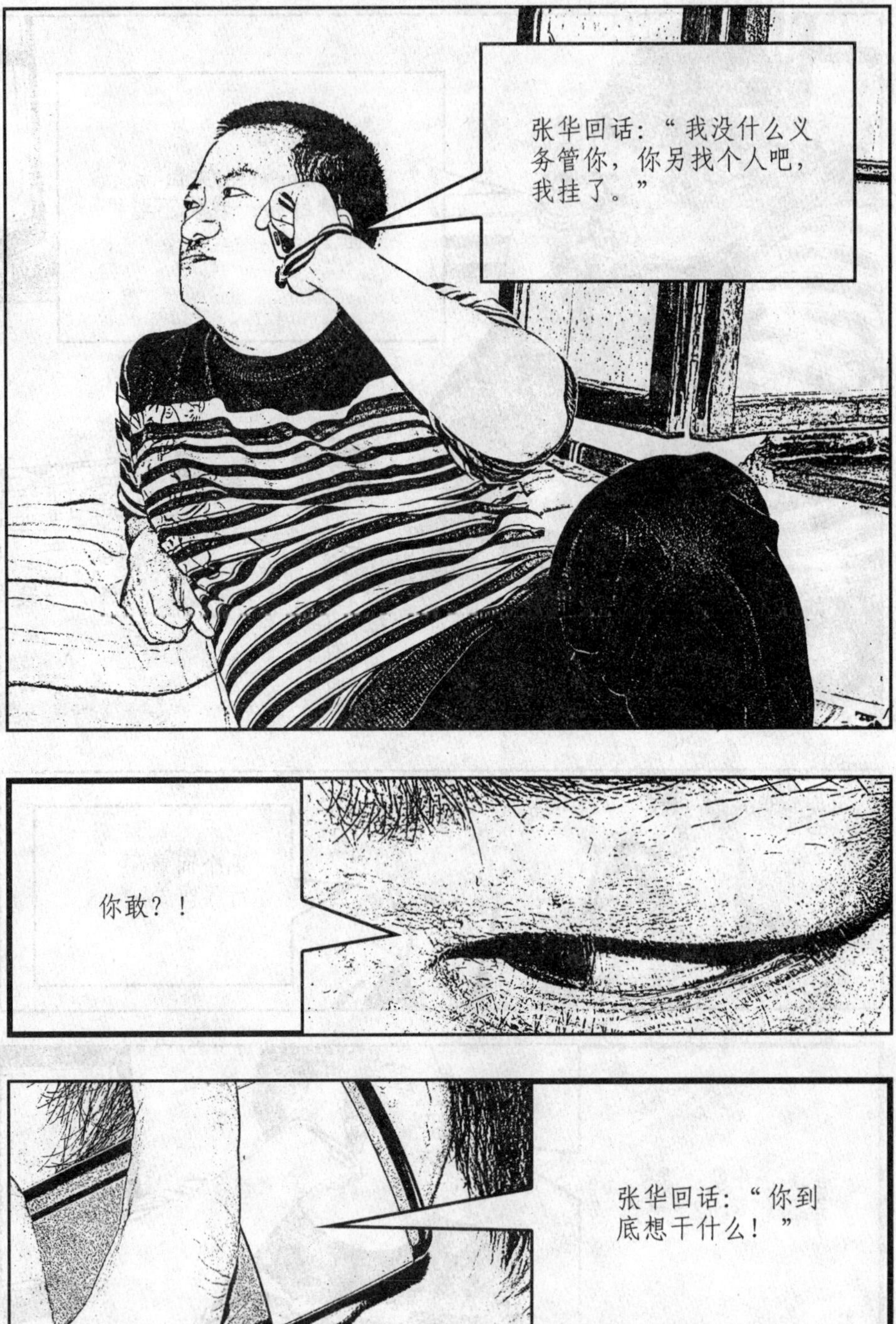
张华回话：“我没什么义务管你，你另找个人吧，我挂了。”
你敢？！
张华回话：“你到底想干什么！”

不想干什么，就希望
咱俩和好。
张华回话：
“不可能
的！”

没什么不可能！

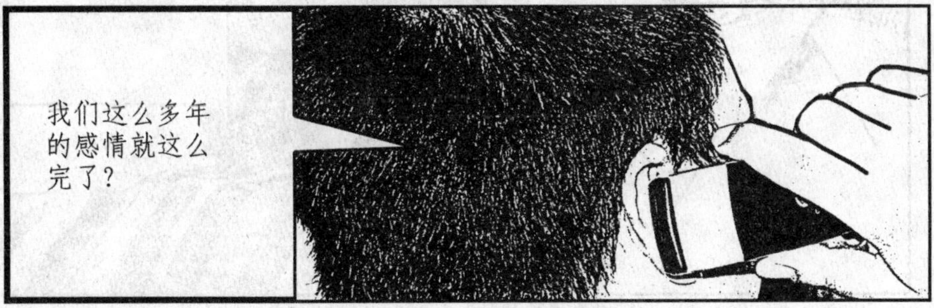
我们这么多年
的感情就这么
完了？

张华回话：“刘强，我该说的都跟你说了，你也是成年人，以后不要给我打电话了。”

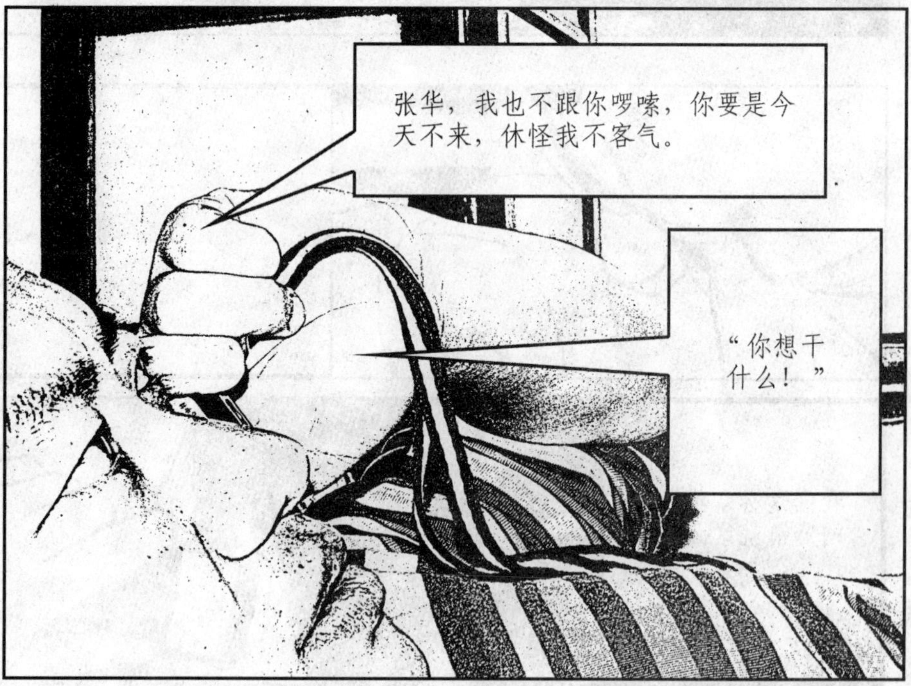
张华，我也不跟你啰嗦，你要是今天不来，休怪我不客气。
“你想干什么！”

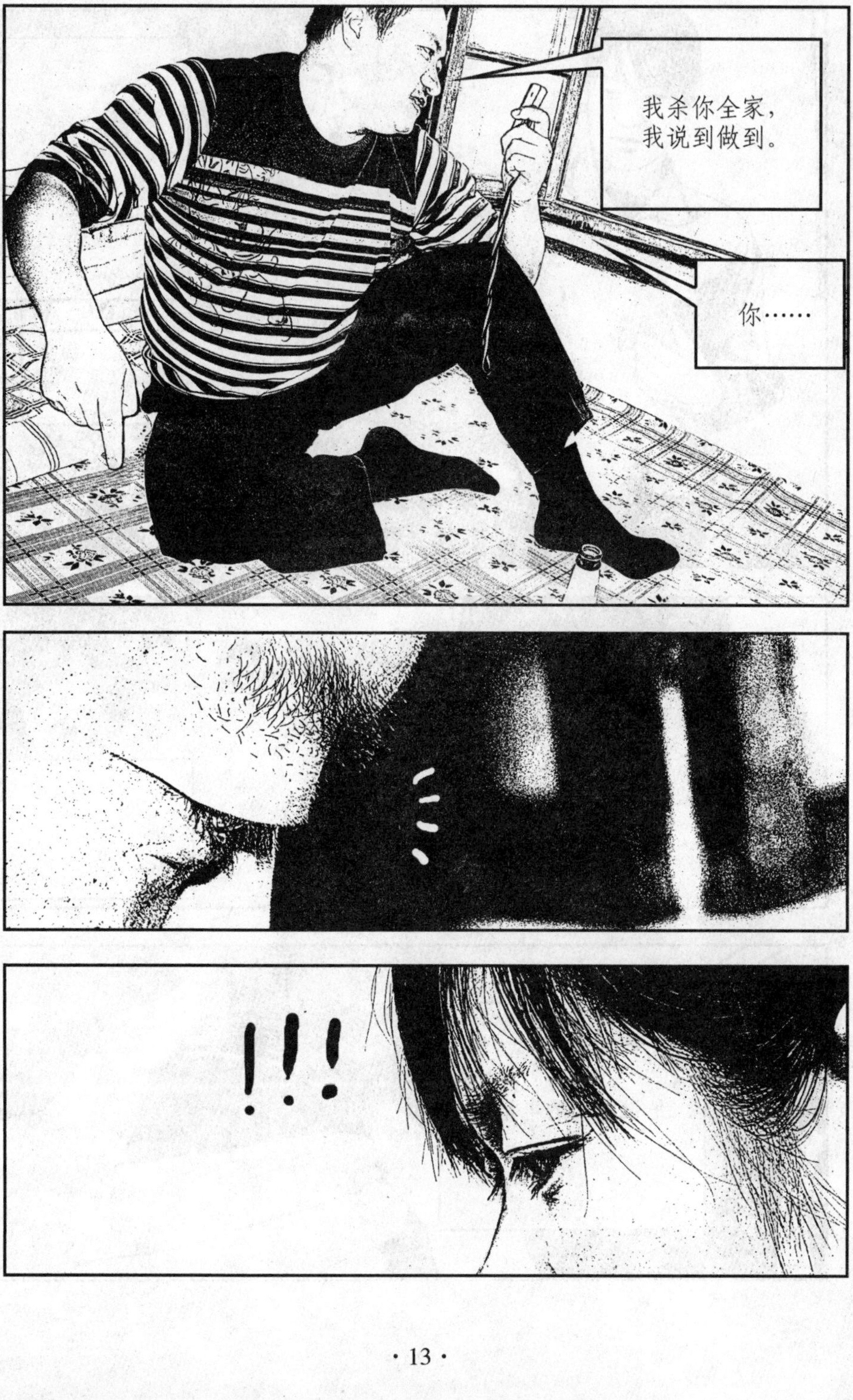
我杀你全家，
我说到做到。
你……
!!!

谁呀？张
华，你脸
色不好。
没事，陈南。

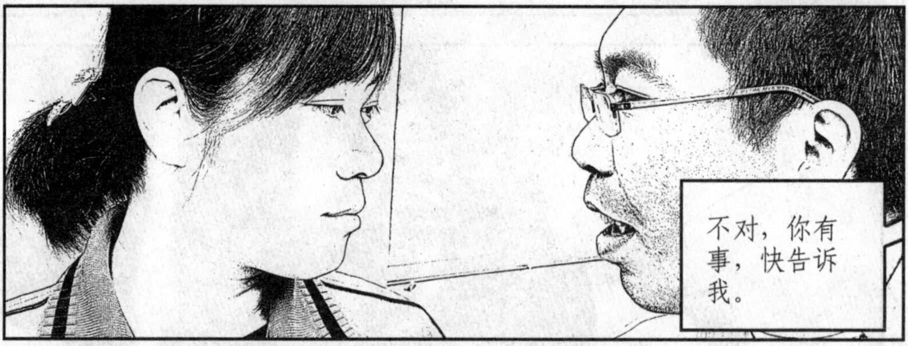
不对，你有
事，快告诉
我。

是谁打来的电话？

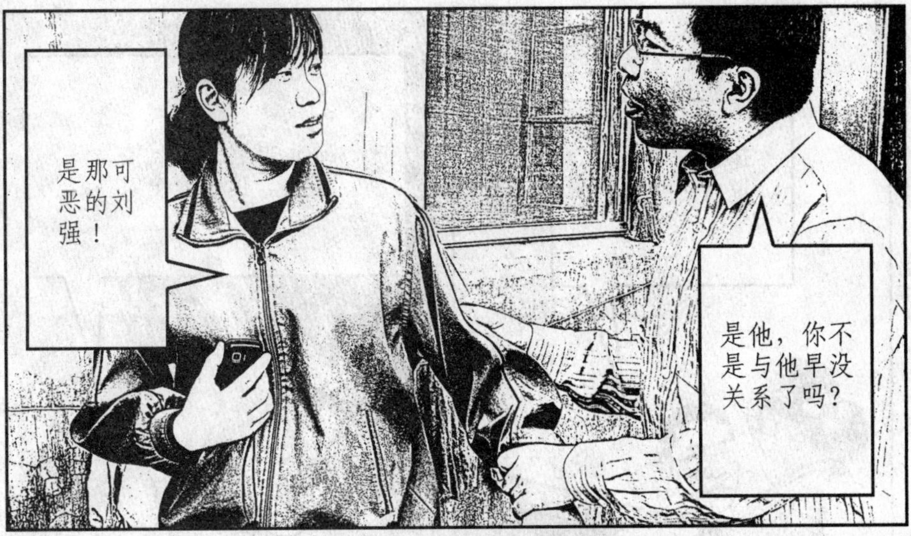
是那可恶的刘强！
是他，你不是与他早没关系了吗？

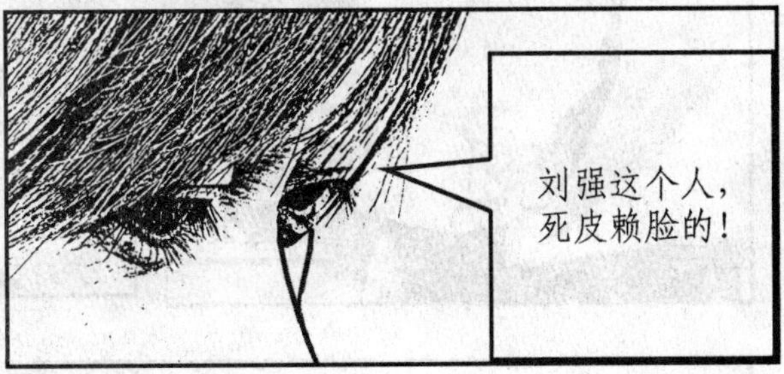
刘强这个人，死皮赖脸的！

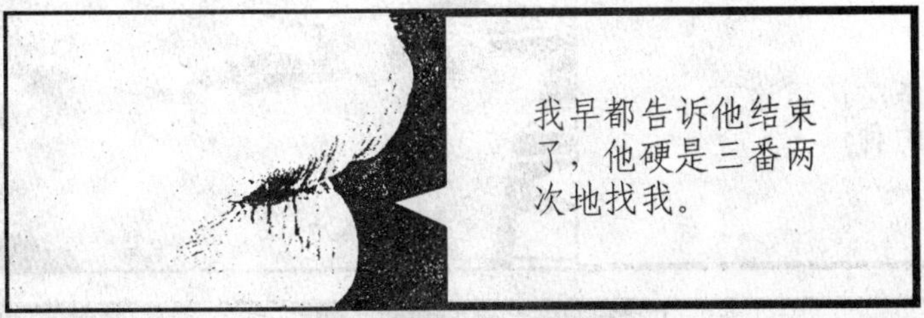
我早都告诉他结束了，他硬是三番两次地找我。

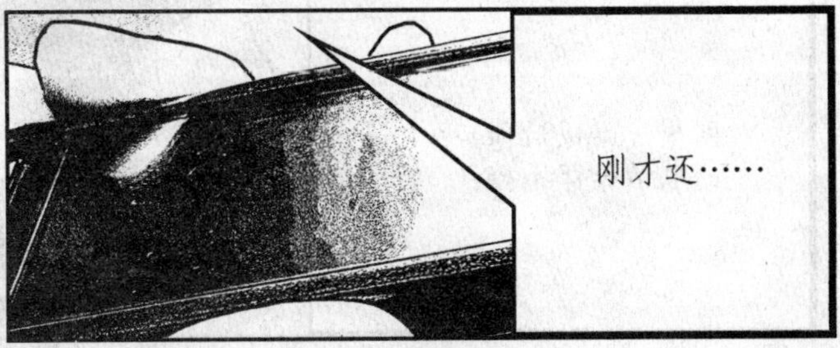
刚才还……

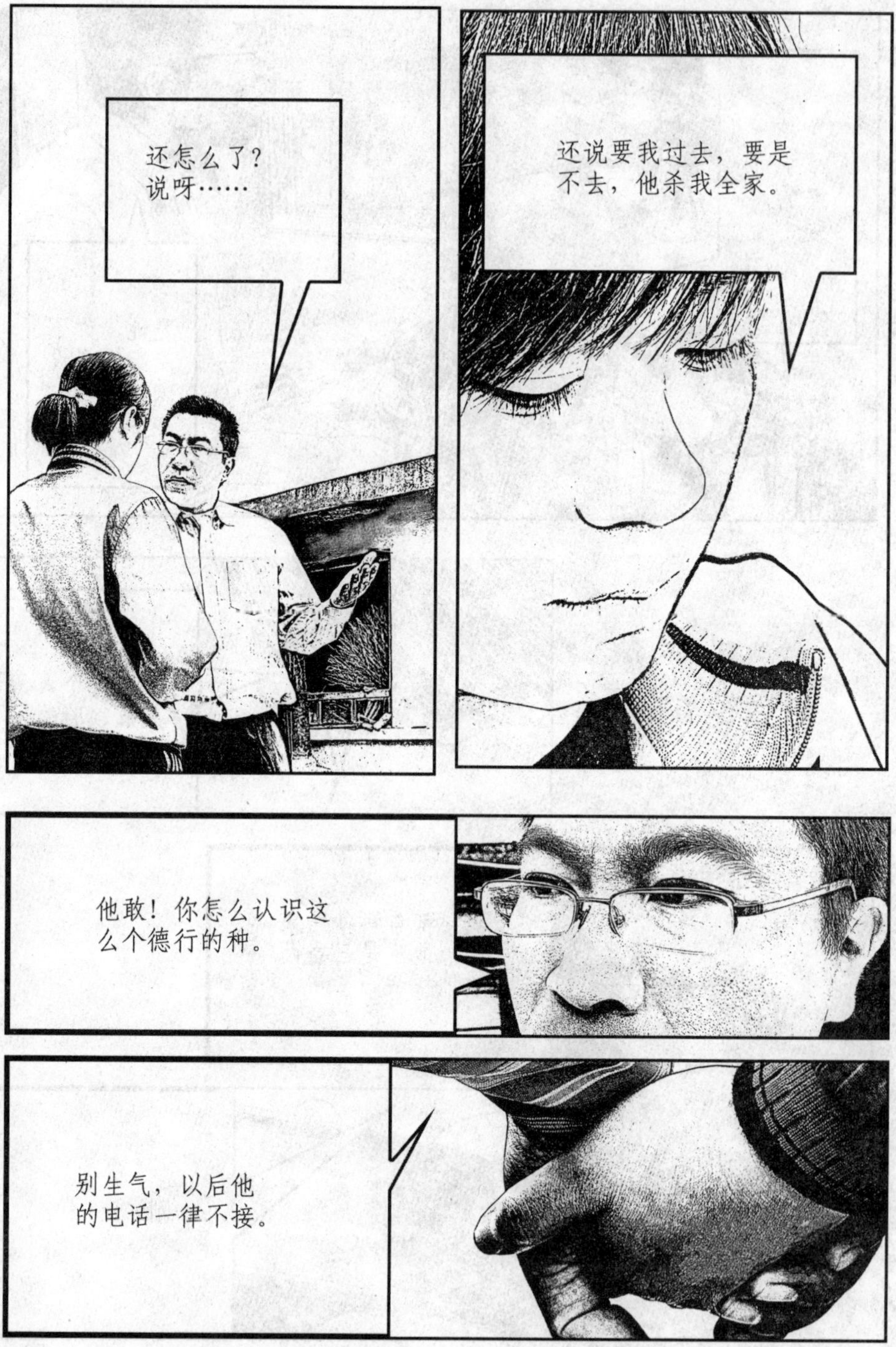
还怎么了？说呀……
还说要我过去，要是不去，他杀我全家。
他敢！你怎么认识这么个德行的种。
别生气，以后他的电话一律不接。

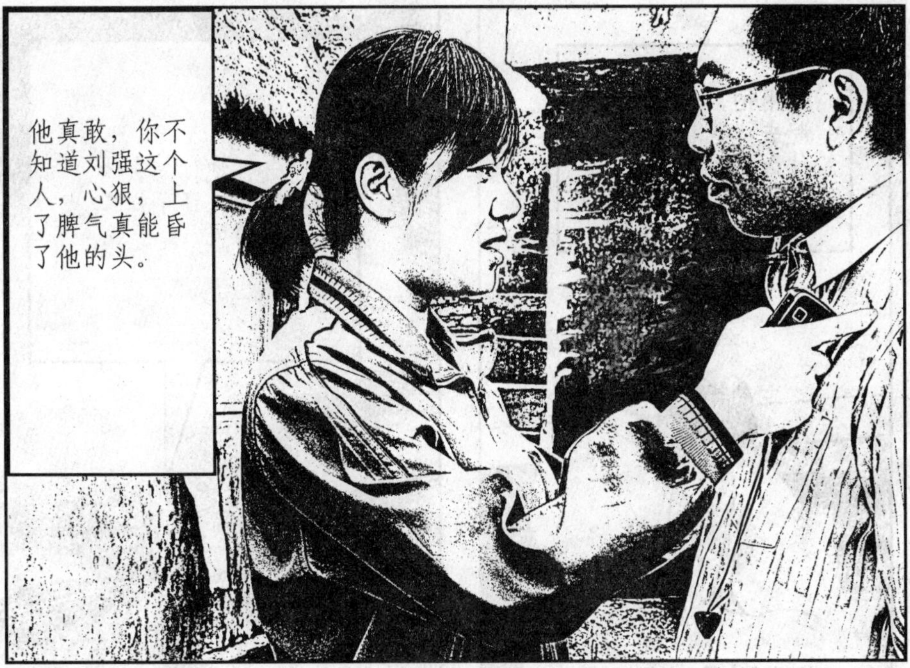
他真敢，你不知道刘强这个人，心狠，上了脾气真能昏了他的头。

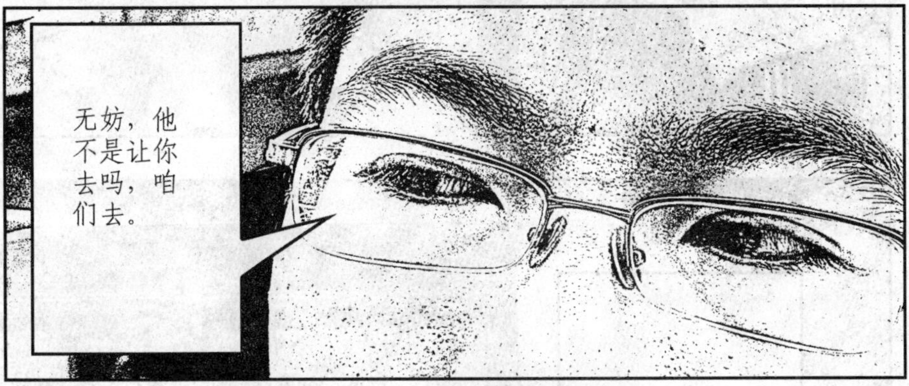
无妨，他不是让你去吗，咱们去。

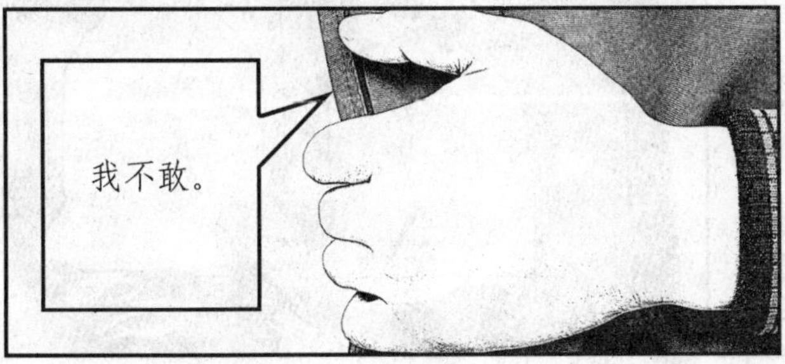
我不敢。

不用怕，我和你一起去，我看他要耍什么花招。

他还能把你怎么的，动起手来还不知道谁倒霉呢。

两个人来到了刘强家的大门口。

刘强，我来了。
在门口站着干啥？
进来说话！

我不进去了，
有话你出来
说。
混蛋！

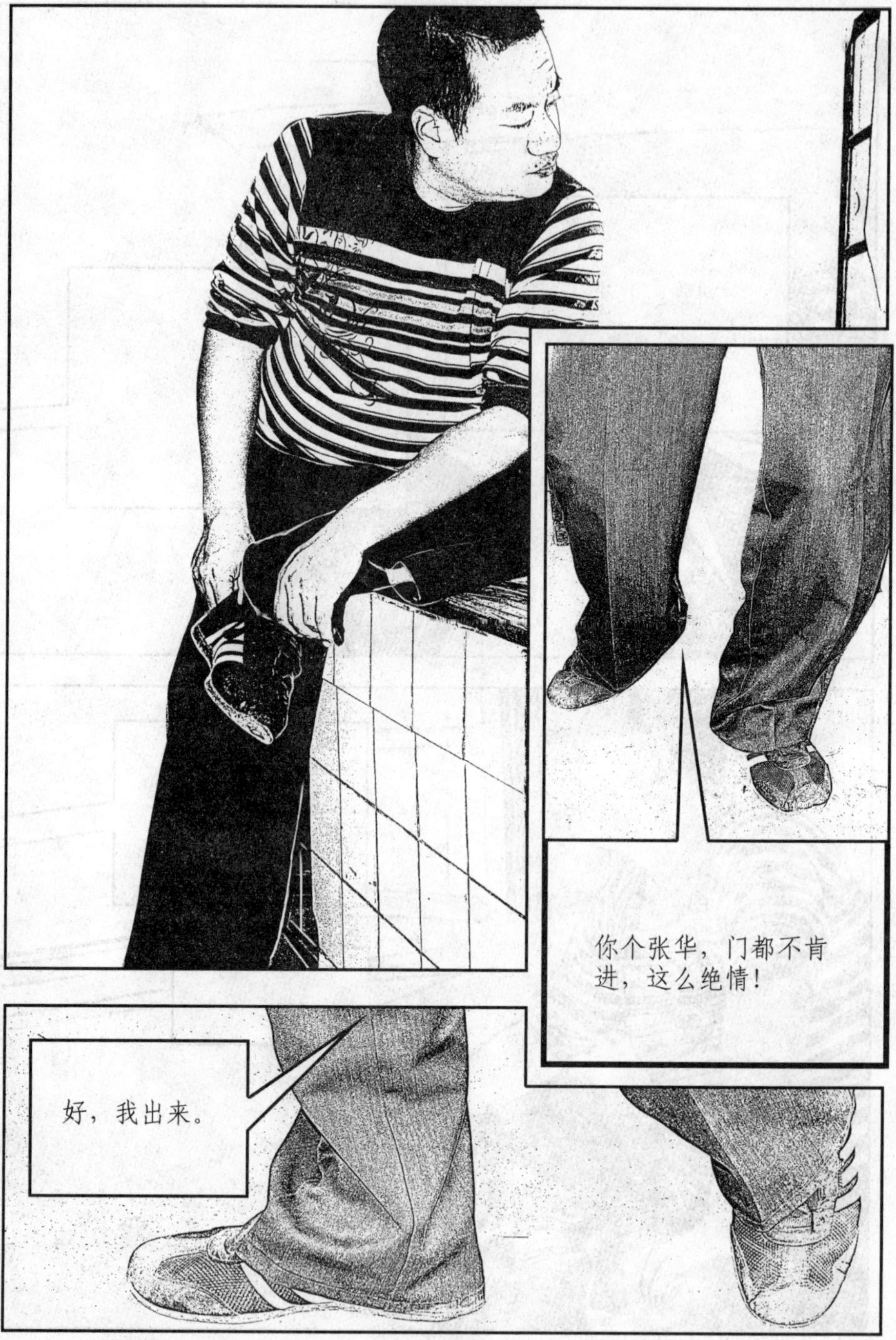
你个张华，门都不肯进，这么绝情！
好，我出来。

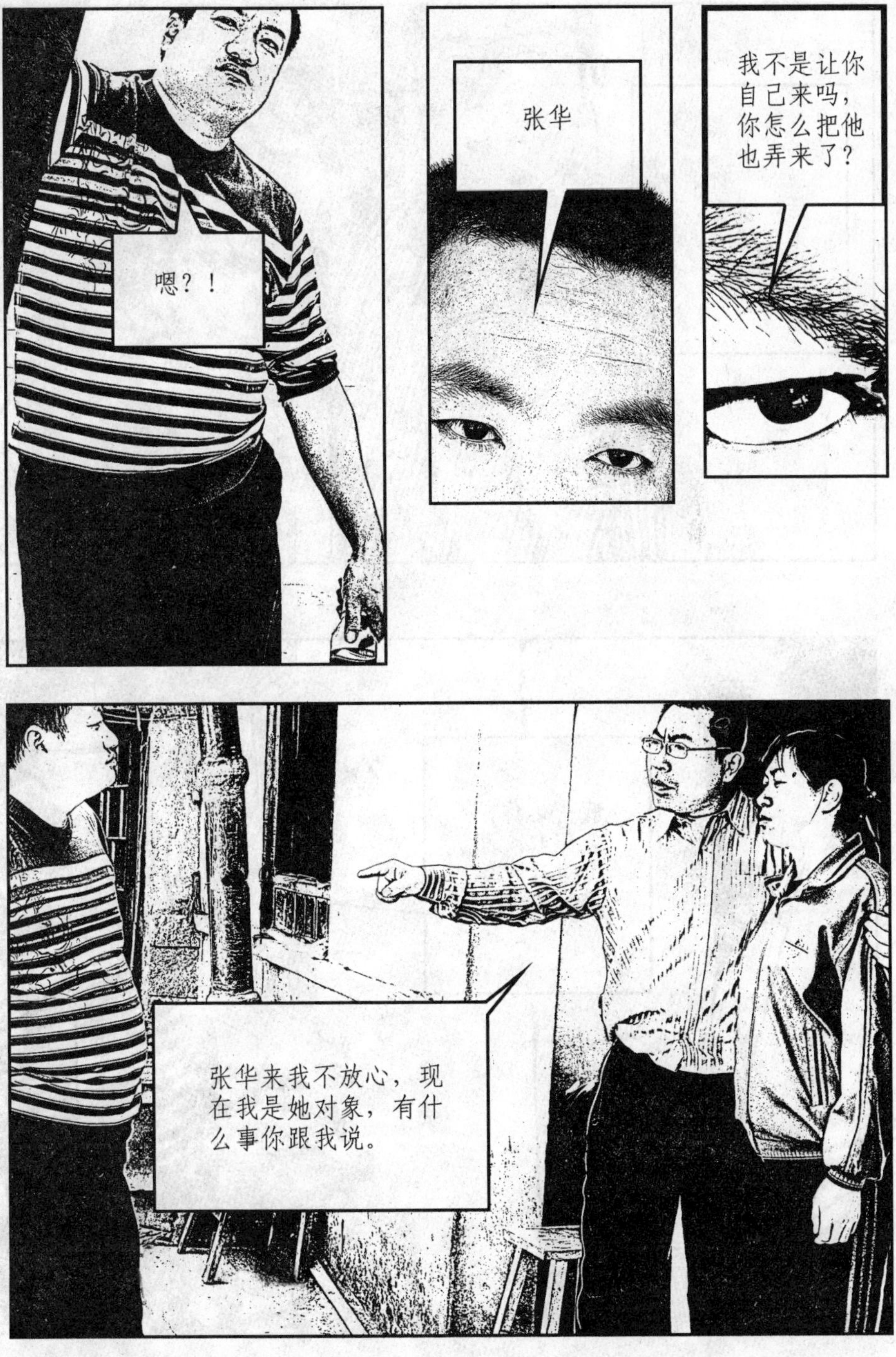
嗯？！
张华
我不是让你自己来吗，你怎么把他也弄来了？
张华来我不放心，现在我是她对象，有什么事你跟我说。

就是，你有啥话，说吧，我来了。

我告诉你，我跟我女朋友说话，你少插嘴。

华呀。

我还是那么
喜欢你。

你说，咱们俩都处了那
么多年了，你就忍心和
别人好？

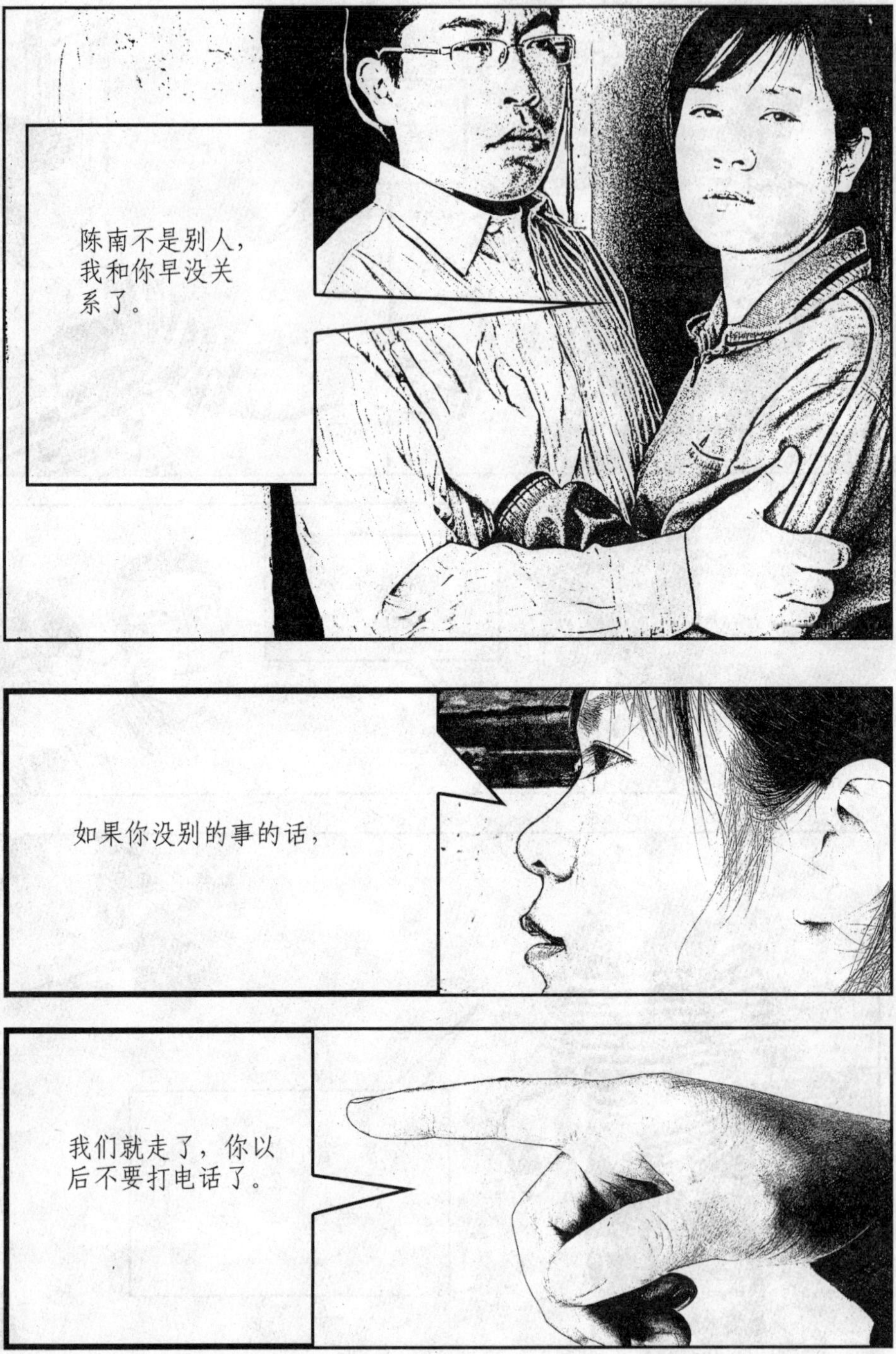
陈南不是别人，我和你早没关系了。
如果你没别的事的话，
我们就走了，你以后不要打电话了。

刘强，张华跟你分手了，已不是你女朋友，请你说话自重。

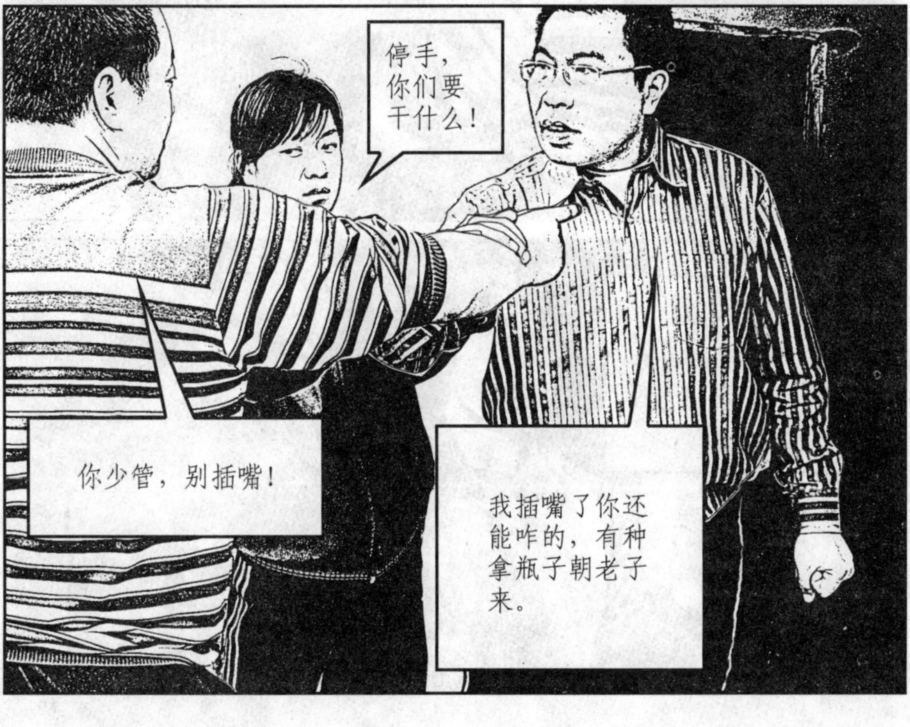
停手，你们要干什么！
你少管，别插嘴！
我插嘴了你还能咋的，有种拿瓶子朝老子来。

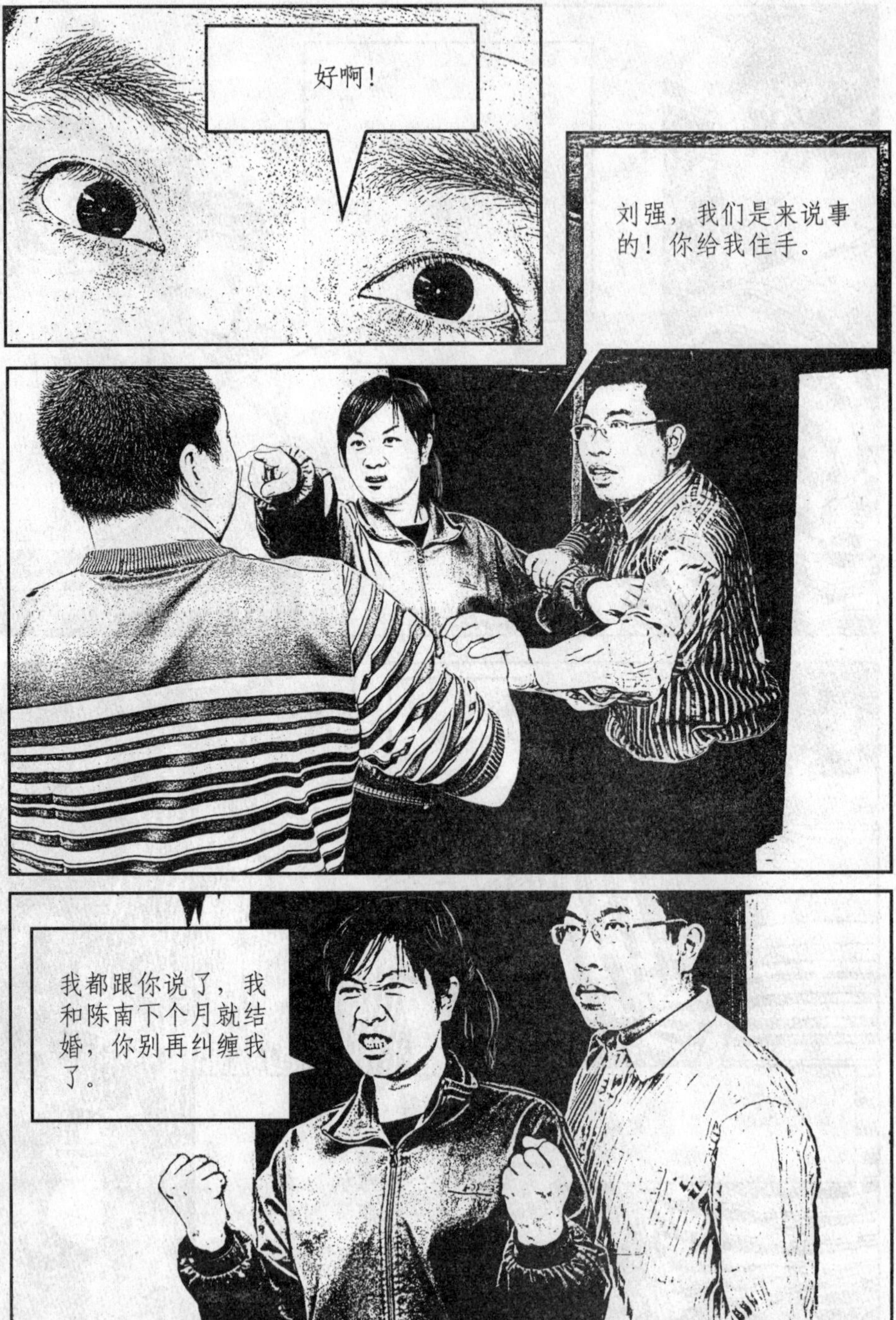
好啊！
刘强，我们是来说事的！你给我住手。
我都跟你说了，我和陈南下个月就结婚，你别再纠缠我了。

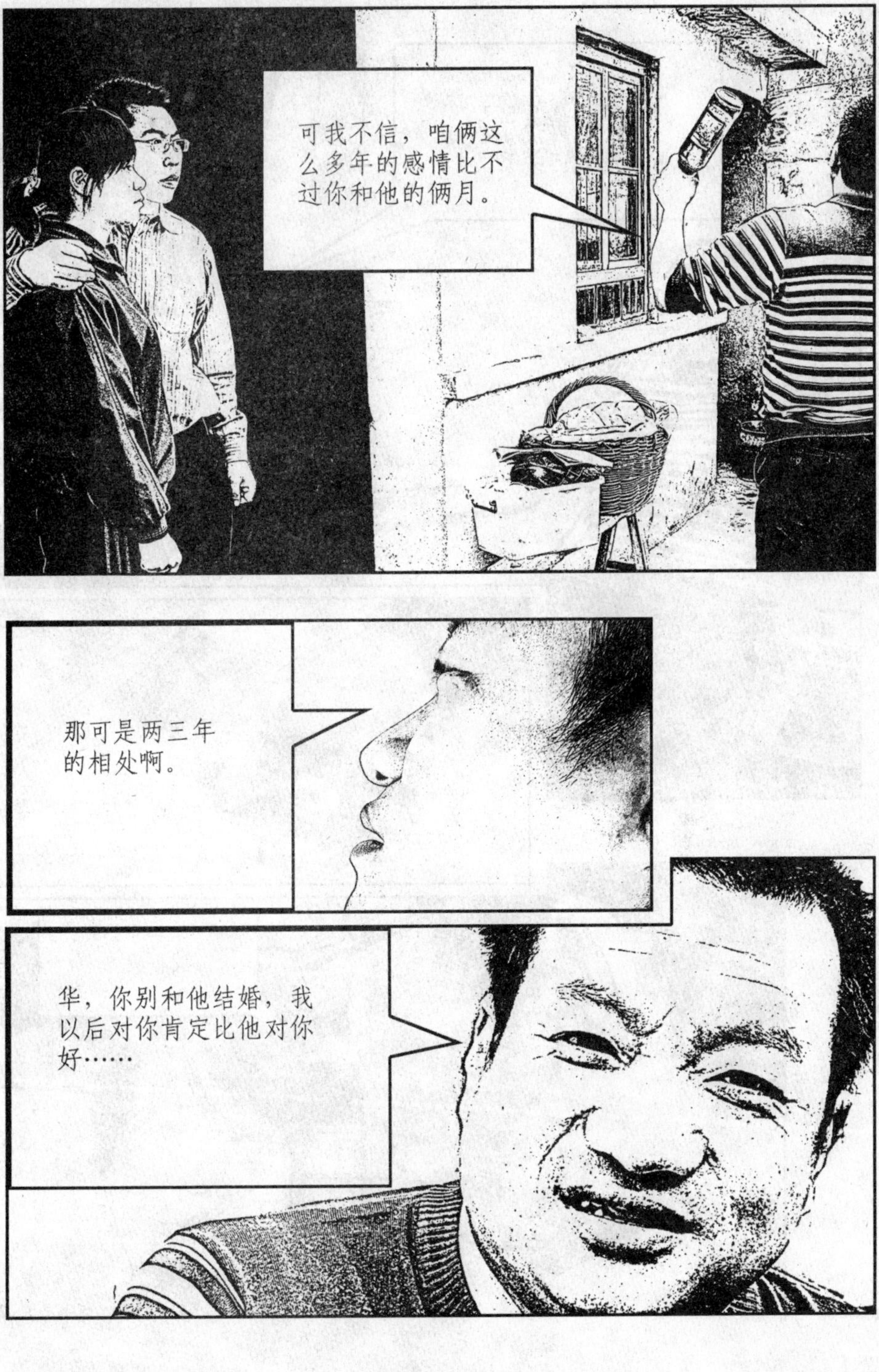
可我不信，咱俩这么多年的感情比不过你和他的俩月。
那可是两三年的相处啊。
华，你别和他结婚，我以后对你肯定比他对你好……

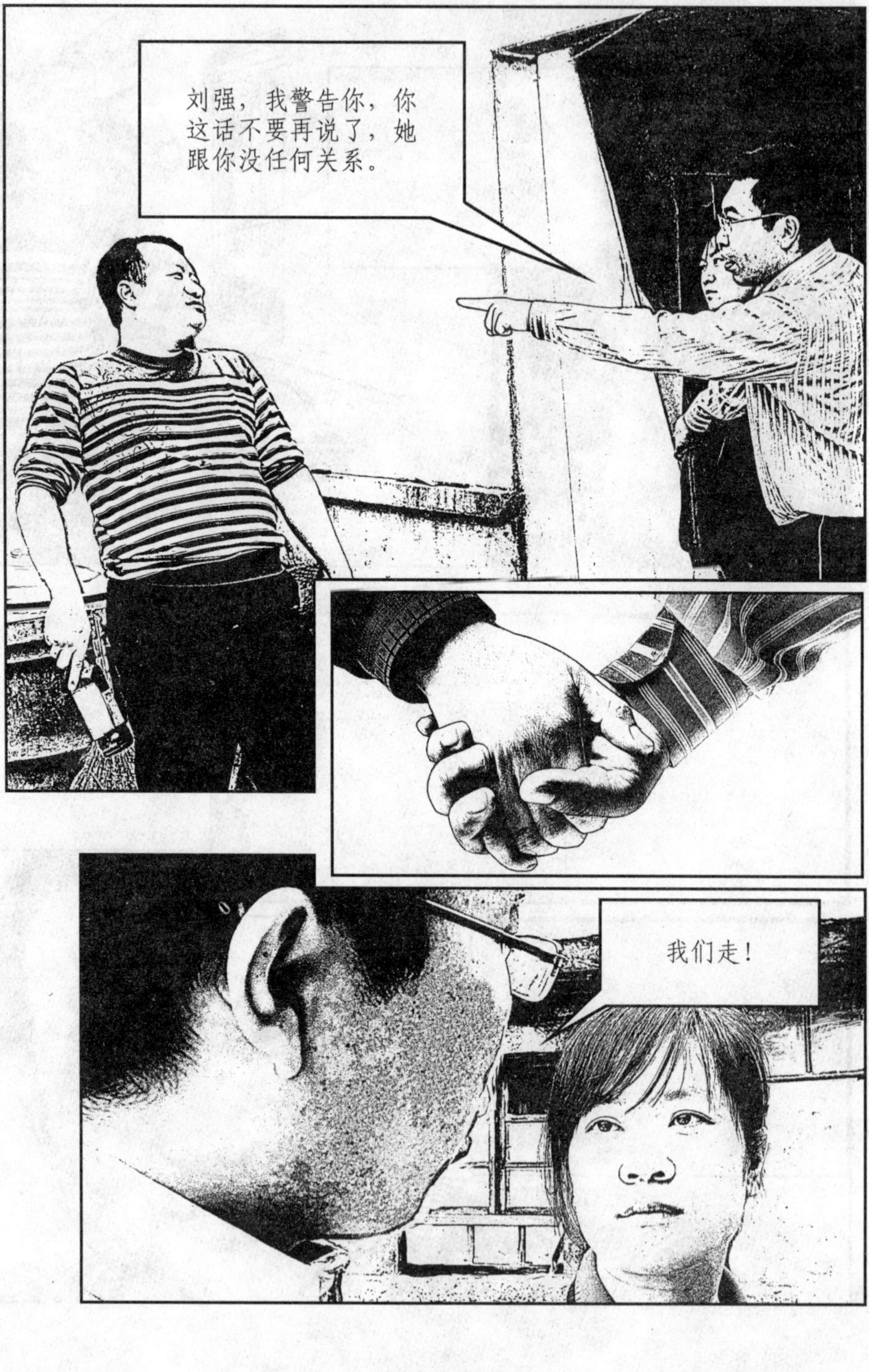
刘强，我警告你，你这话不要再说了，她跟你没任何关系。
我们走！

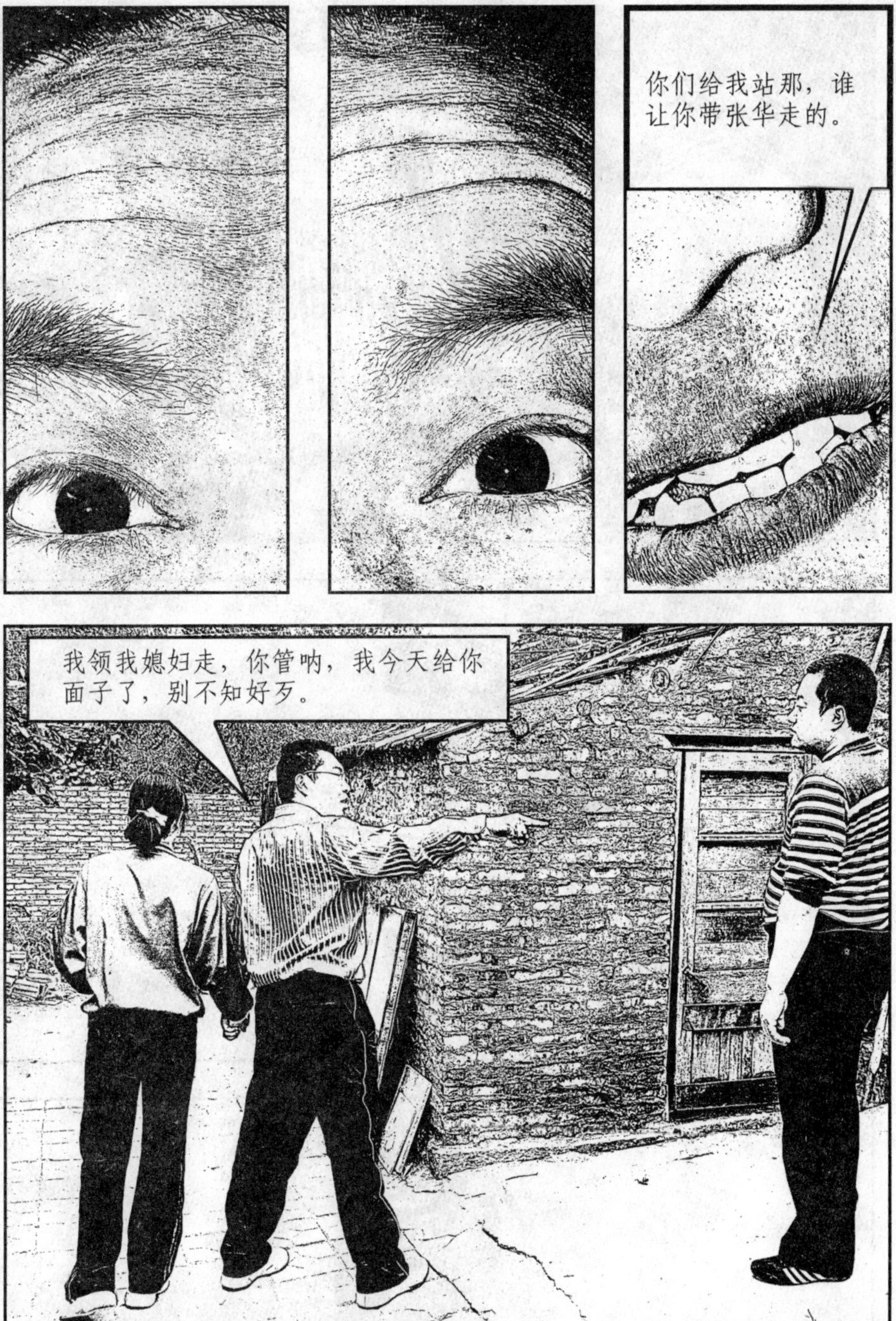
你们给我站那，谁让你带张华走的。
我领我媳妇走，你管呐，我今天给你面子了，别不知好歹。

走，华，
甭管他。
你们给我站那！
听没听见！
你耳朵聋啊，我让
你给我站那！

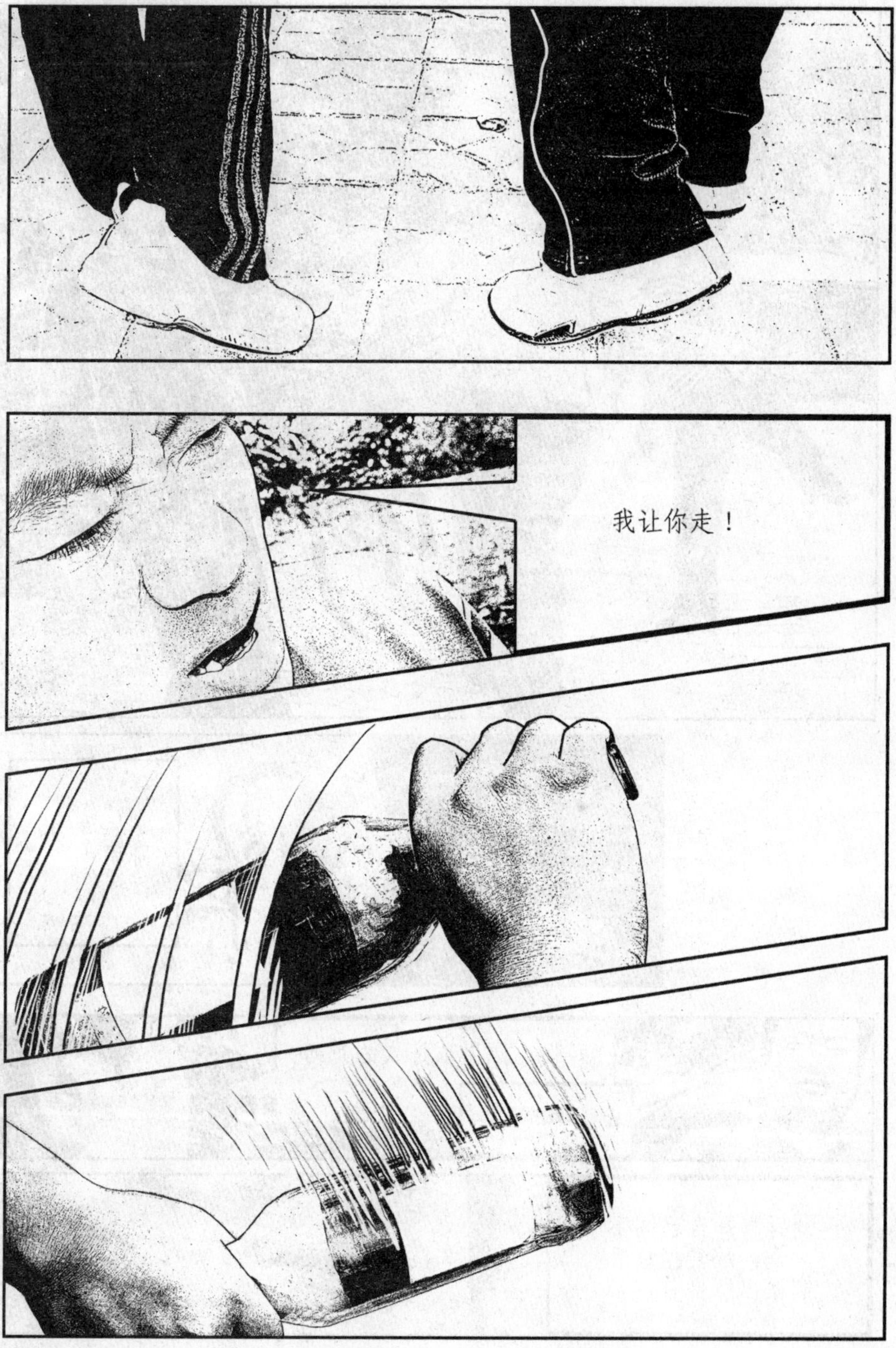
我让你走！

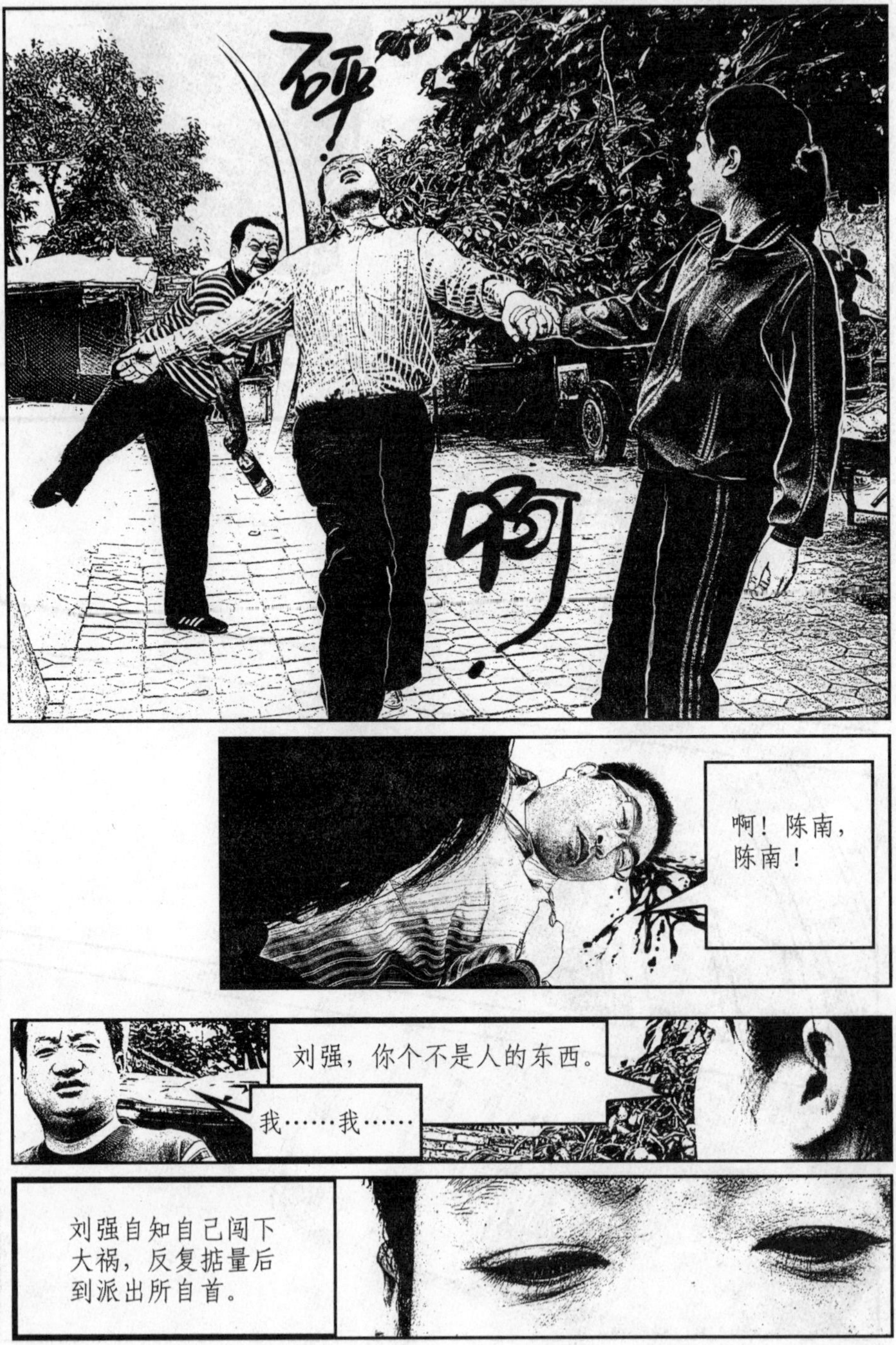
砰!
啊!
啊！陈南，陈南！
刘强，你个不是人的东西。
我……我……
刘强自知自己闯下大祸，反复掂量后到派出所自首。

法院认为：被告人刘强故意伤害他人身体，致人轻伤，其行为已构成故意伤害罪。被告人刘强能自动投案，如实供述自己的犯罪事实，是自首，依法可以从轻处罚。被告人能积极赔偿被害人的经济损失，得到了被害人的谅解，又可酌情从轻处罚。根据《中华人民共和国刑法》第六十七条、第二百三十四条之规定，判被告人刘强犯故意伤害罪，拘役三个月。

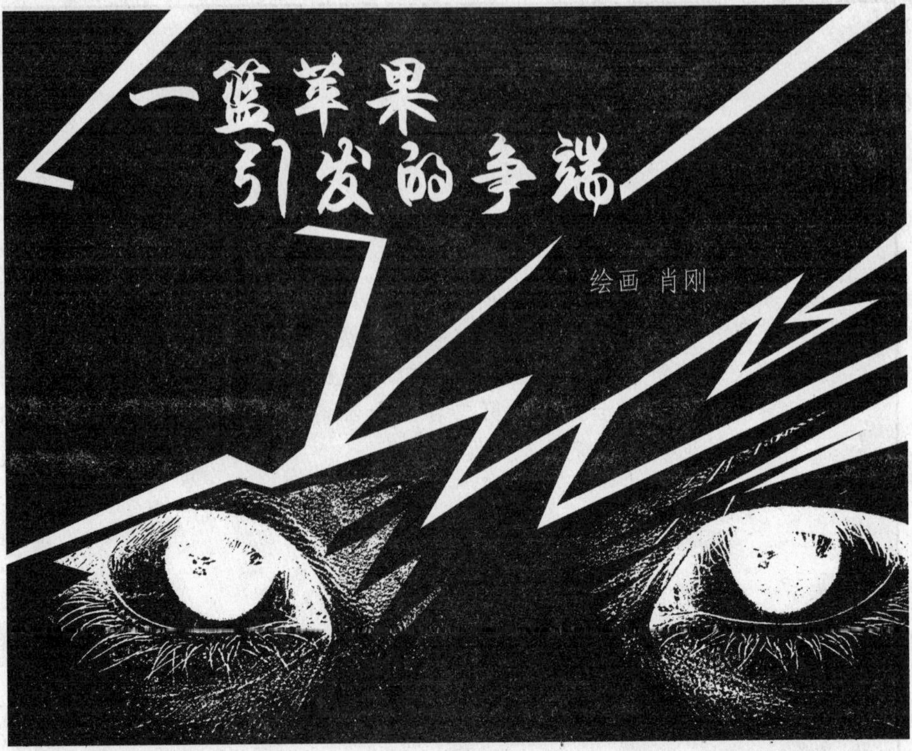
一篮苹果
引发的争端
绘画 肖刚

哈哈哈！
孩子，注意我的苹果，别在这打球。

哈哈哈！

小孩儿
注意喽！

……
!!!

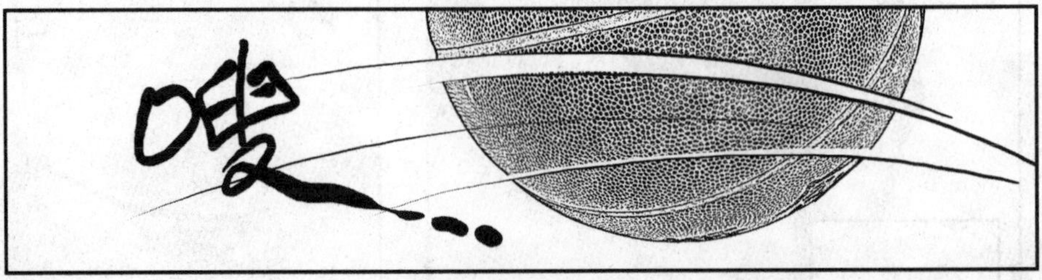
嗖……

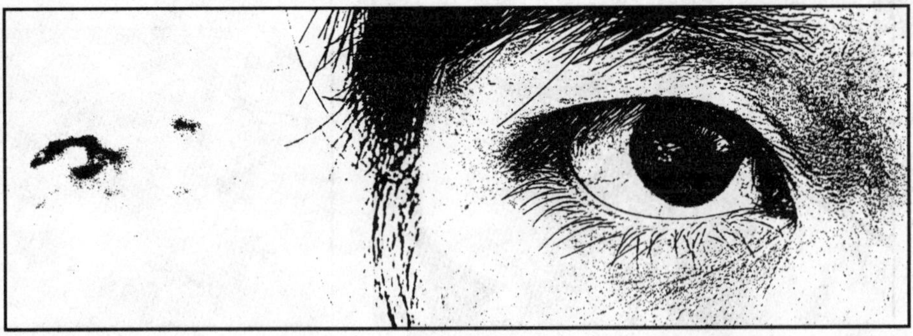

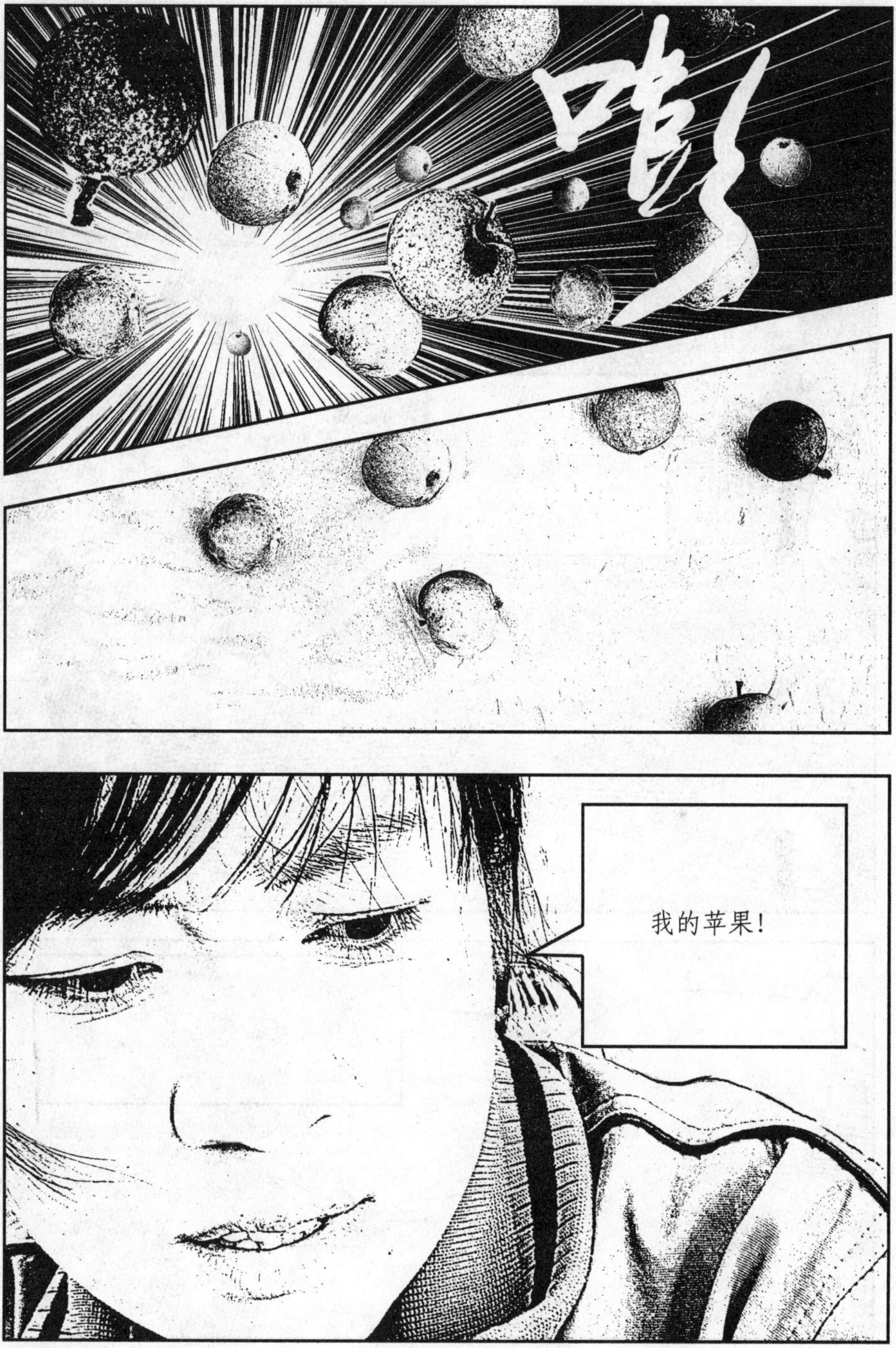
我的苹果!

我的苹果全毁了！
阿姨对不起，我不是故意的。

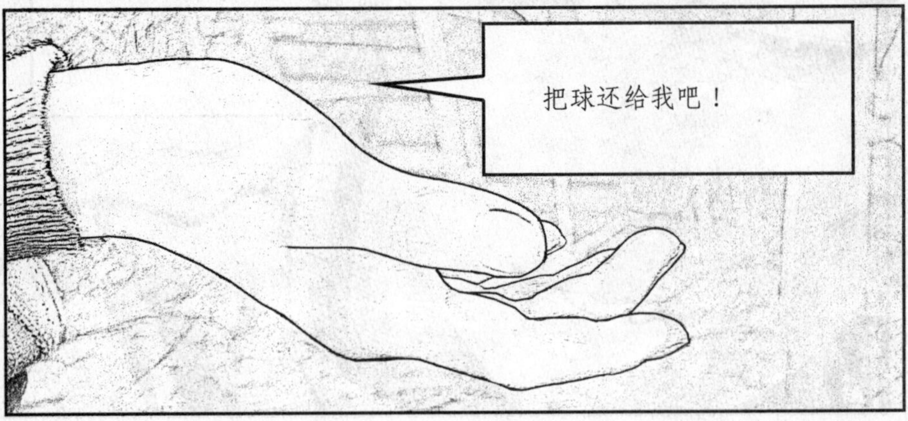
把球还给我吧！

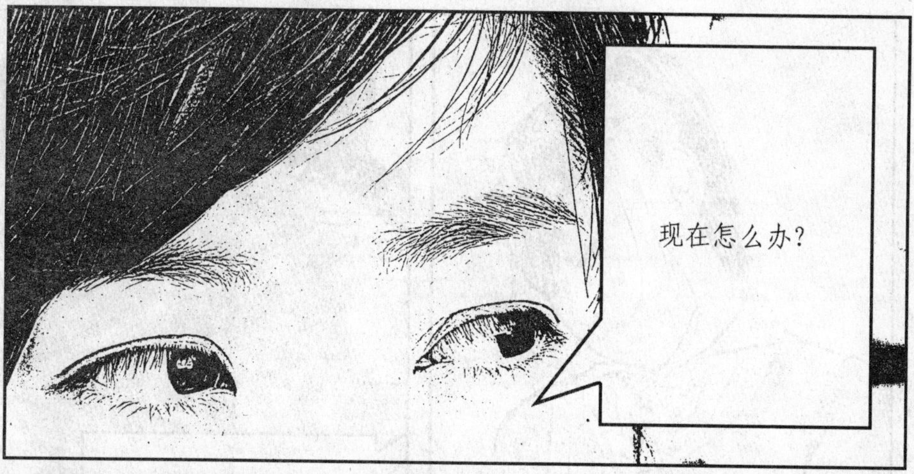
现在怎么办?

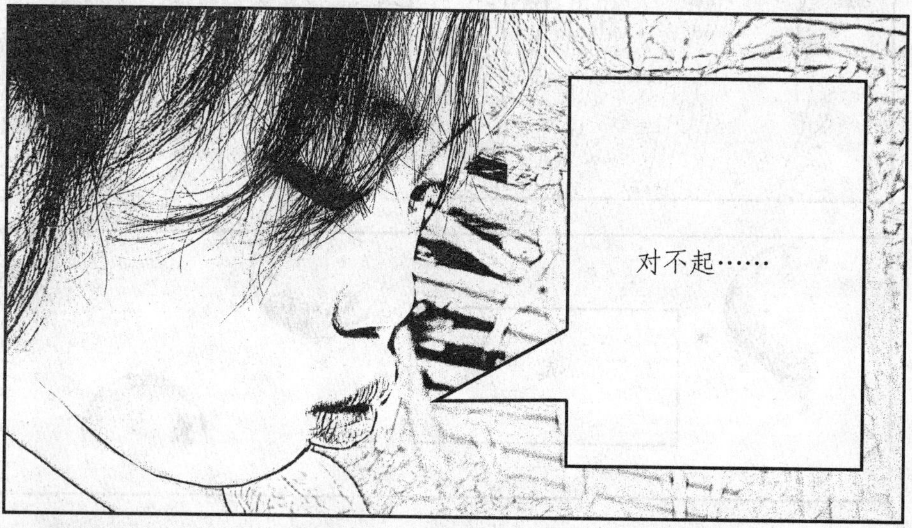
对不起……

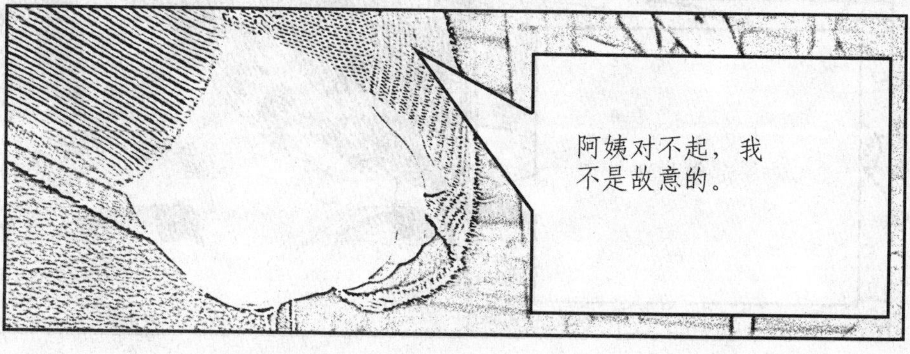
阿姨对不起，我
不是故意的。

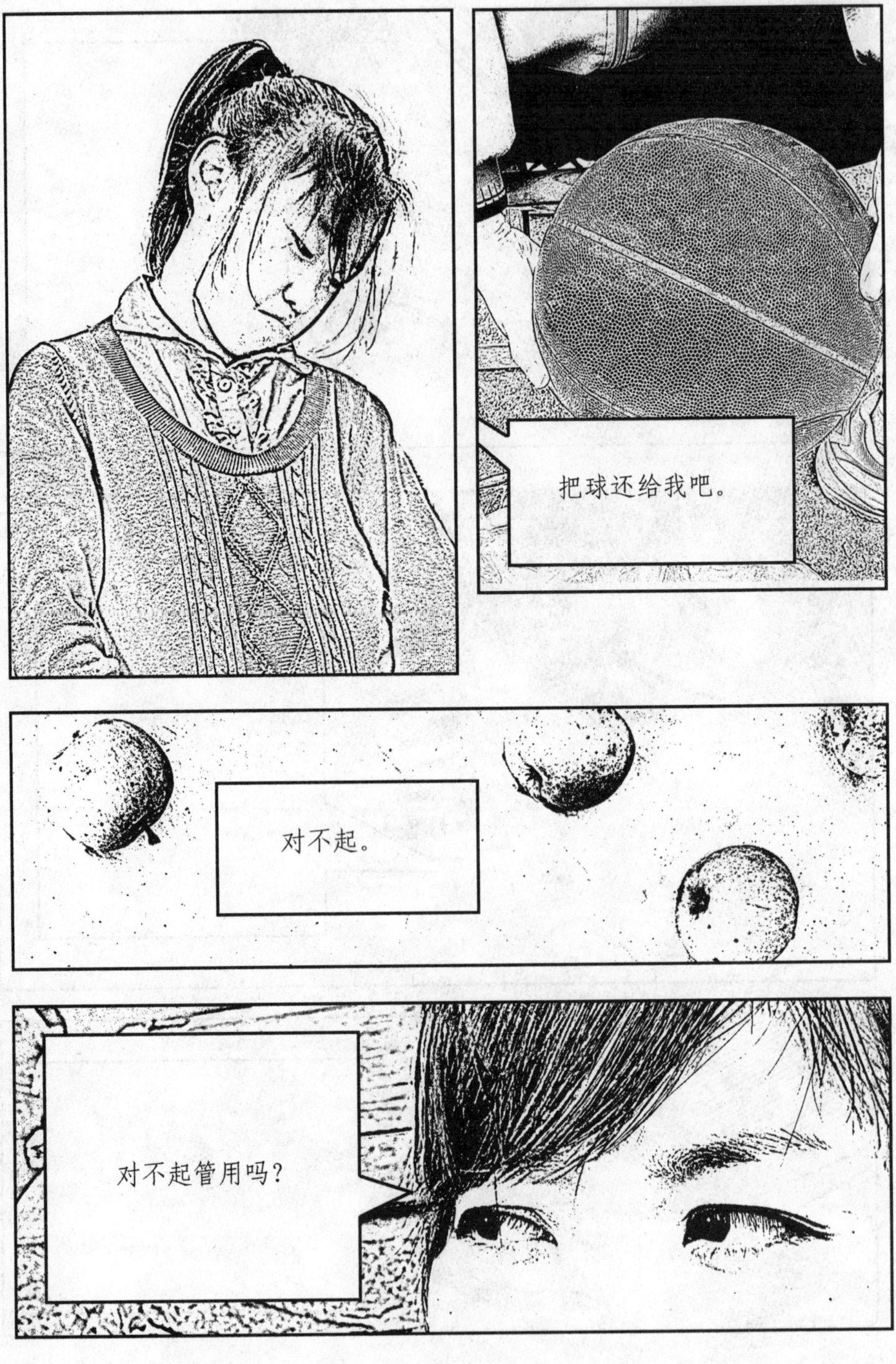
把球还给我吧。
对不起。
对不起管用吗？

你也不能说句对不起就拉倒啦，
这可是三元一斤的苹果啊！

看看现在这苹果让你的球砸
得没法卖了。

你回去找你父母来，要赔我损失的。
可我家大人不在家。

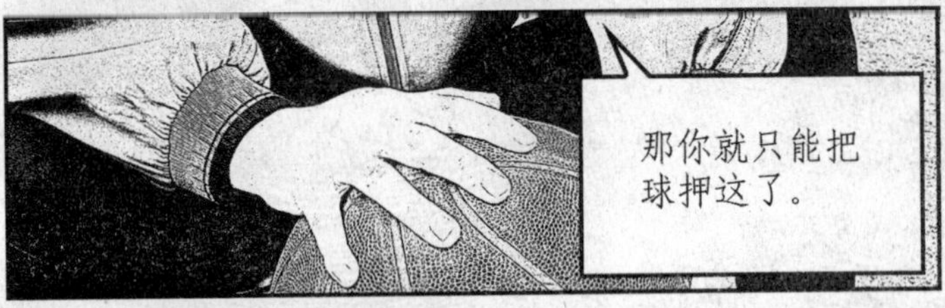
那你就只能把球押这了。

说你别在这儿玩球，你偏不听。

这下可好，这苹果只能低价处理了。
阿姨，我这有三元，是妈妈给我中午买面包吃的，都给你成吗？
阿姨……

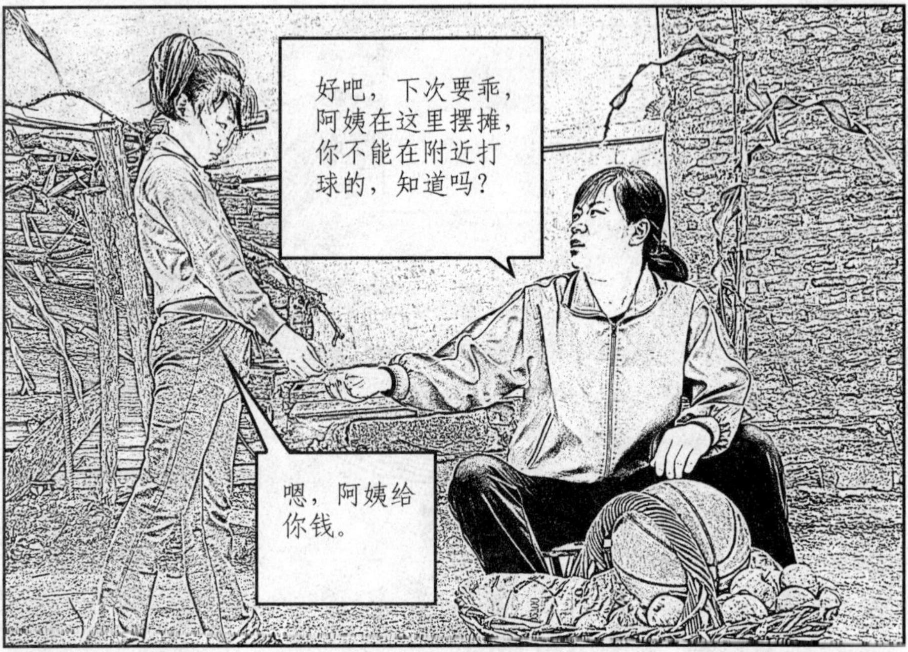
好吧，下次要乖，
阿姨在这里摆摊，
你不能在附近打
球的，知道吗？
嗯，阿姨给
你钱。

嗯。
你这三元赔不了
这么多苹果的损
失，别怪阿姨说
你，以后要爱护
别人的东西，知
道吗？

阿姨再见。
小朋友再见。

中午，孩子的妈妈大蓝子有事提前回来了。

妈妈，我饿。

饿什么饿，三元钱那么大一个面包撑不饱你啊！
我没吃到面包！
在大蓝子的一再追问下，孩子说出了详情。
哼，敢欺负我的闺女！走，跟妈收拾她去。

混蛋！
大蓝子领着孩子快步来到张华的面前，还没等张华反应过来，大蓝子就揪住了张华的头发。

敢欺负俺闺女，我扇死你。

张华被大蓝子一顿猛揍，已是毫无还手之力。大蓝子却还不解恨，又让女儿帮着撕扯张华的上衣，直到张华身上一丝不挂。

张华回到家后便精神失常，她的丈夫一气之下报了案。公安因此拘留了大蓝子和她的女儿。

而受害人却再也不能恢复正常，一个家就这么消沉下去了。

县法院公开审理了大蓝子殴打侮辱被害人一案。

法院认为：根据《中华人民共和国刑法》第二十五条、第二百三十四条之规定，被告无故伤害、欺辱、殴打原告的行为，侵害了原告的生命健康权，且成为原告精神分裂症首次发病的诱因。大蓝子被判处有期徒刑两年。被告亦承担民事责任及医疗费、交通费、营养费、监护人误工费、精神抚慰金。

高速公路的幽灵

绘画 肖刚

随着城市建设步伐的加快，幸福村的耕地被国家征用建设公路。

按每户人口土地的多少，政府给予了现金补偿，刘强出狱后分得了补偿金 30 多万元。

失去土地的村民各选出路，有的卖菜，有的去建筑工地打工，这些，刘强都没瞧得上。

一日，朋友孙逊走进刘强家。

闲得无聊跑我这来啦。
哪儿呀，我是来告诉你好事的。

你还有啥好事，成天闲得无聊瞎转悠。

好事，真的好事，告诉你发财的路子。
什么？

陈家庄的大海买私彩发了大财，在城里既买了房又买了车！
真的？！

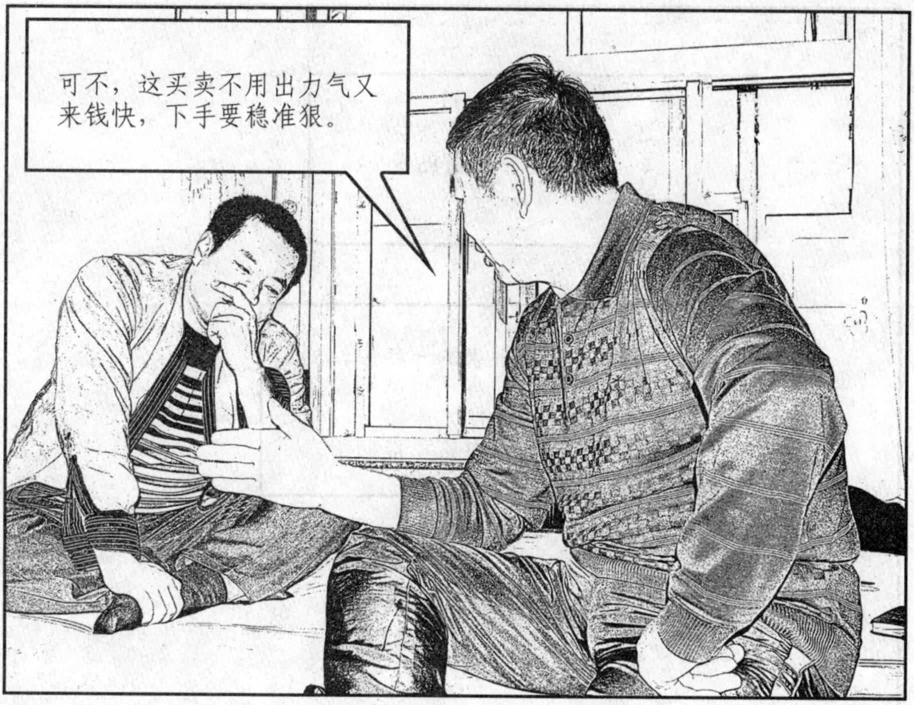
可不，这买卖不用出力气又
来钱快，下手要稳准狠。

刘强毫不犹豫地带了5000 元
钱去黑彩站投注开奖，结果
中得 4 万多元。
天啊，我还是
第一次知道，
我这双手竟然
如此厉害。

这一下让全村人都轰动了，刘强发誓要赢更多的钱。
但事与愿违，在接下来的一年中，刘强手气越来越差，他自己也越陷越深，几十万输没了，还欠朋友十多万。债主上门追债，使刘强有家不能回。

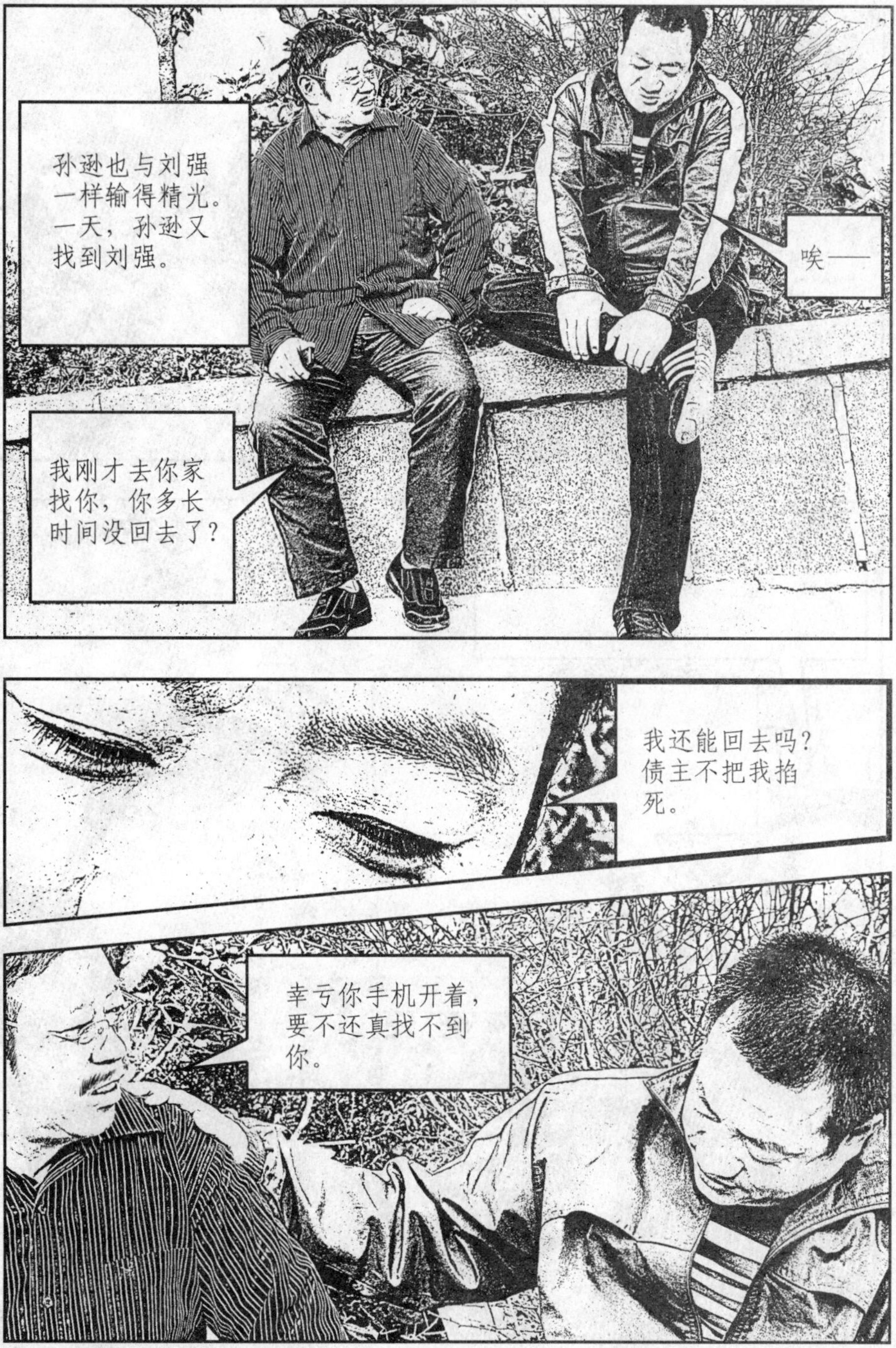
孙逊也与刘强一样输得精光。一天，孙逊又找到刘强。
唉——
我刚才去你家找你，你多长时间没回去了？
我还能回去吗？债主不把我掐死。
幸亏你手机开着，要不还真找不到你。

找我啥事？

你看咱村这高速公路不是通车了吗，车特多。
我在想啊，每个车上都有个几百几千块的。
这要是在车上动点手脚……

好吗？这事太大了点吧？
大什么，三更半夜，完
了找谁去。

那怎么弄？
买警服、手铐、
警棍、假手枪。

好主意，你真是太聪明了。

两个人在城里警备器材店购买了作案道具，又在玩具店买了仿真手枪。
两人冒充警察拦车绑架抢钱还不到三天，就落入了埋伏的警察手中。

法院认为：根据《中华人民共和国刑法》第二百六十三条第四款之规定，以抢劫罪判处二人有期徒刑15年。

跑偏的出租车
绘画 肖刚

二老坏现在开起了出租车，每天
收入也就是七八十元。

二老坏。
兄弟，认识下，我叫二狗，兄弟怎么称呼？
一天，一个叫二狗的同行靠到了他的车前。

二老坏，兄弟我给你介绍个一天赚一千多的买卖吧。
那得跑多少里？
就跑六十公里。
什么！六十公里就赚一千元，你开什么玩笑！

不开玩笑，只要你照我的法子做，还用在这地方等什么散客。
嗯，那上哪里？
直接在火车站，民航班车站点，还有码头等，专拉去大庆、佳木斯、鸡西的这些长途客。

价钱要便宜，随乘客给，只要能上你的车就行。
只要你有这样的客给我打电话，我有办法来钱。
第二天机会来了，有乘客去大庆，二狗便上了二老坏的车向城外驶去。
在毫无人迹的路边，二狗让二老坏停车。
司机师傅，你们为啥在这地方停车呀？
叨唠什么，老子要打个电话。

不会吧，打个手机还要停车。

哥们，三百元，我在老地方等你。你直接把人送大庆。
好的，一会儿到。

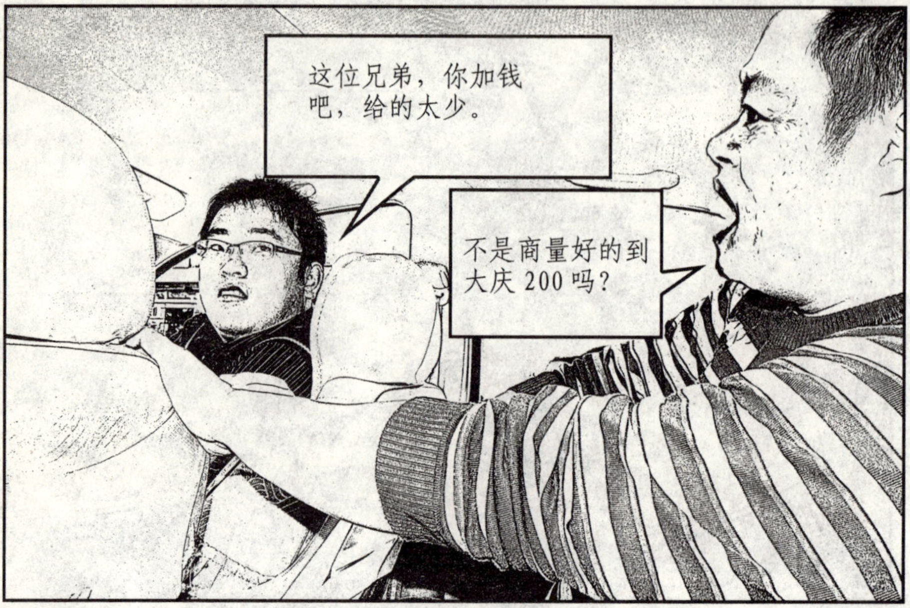
这位兄弟，你加钱
吧，给的太少。
不是商量好的到
大庆 200 吗？

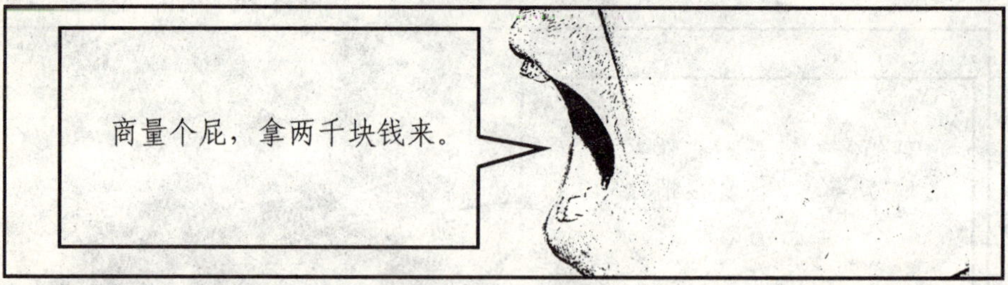
商量个屁，拿两千块钱来。

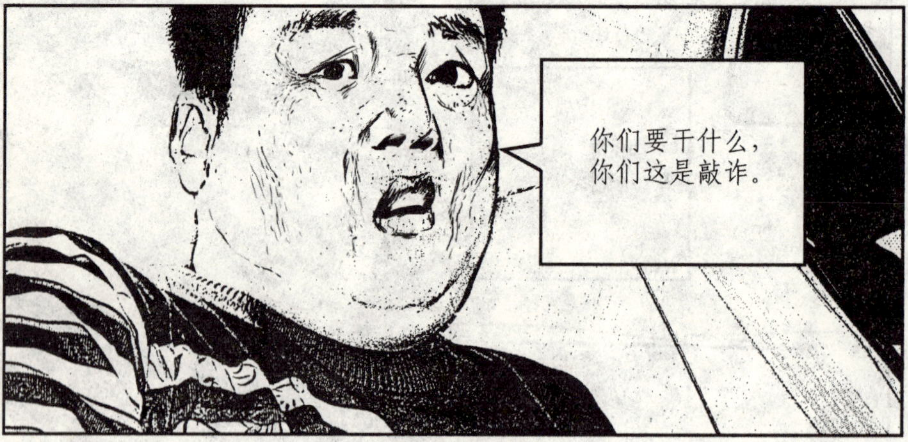
你们要干什么，
你们这是敲诈。

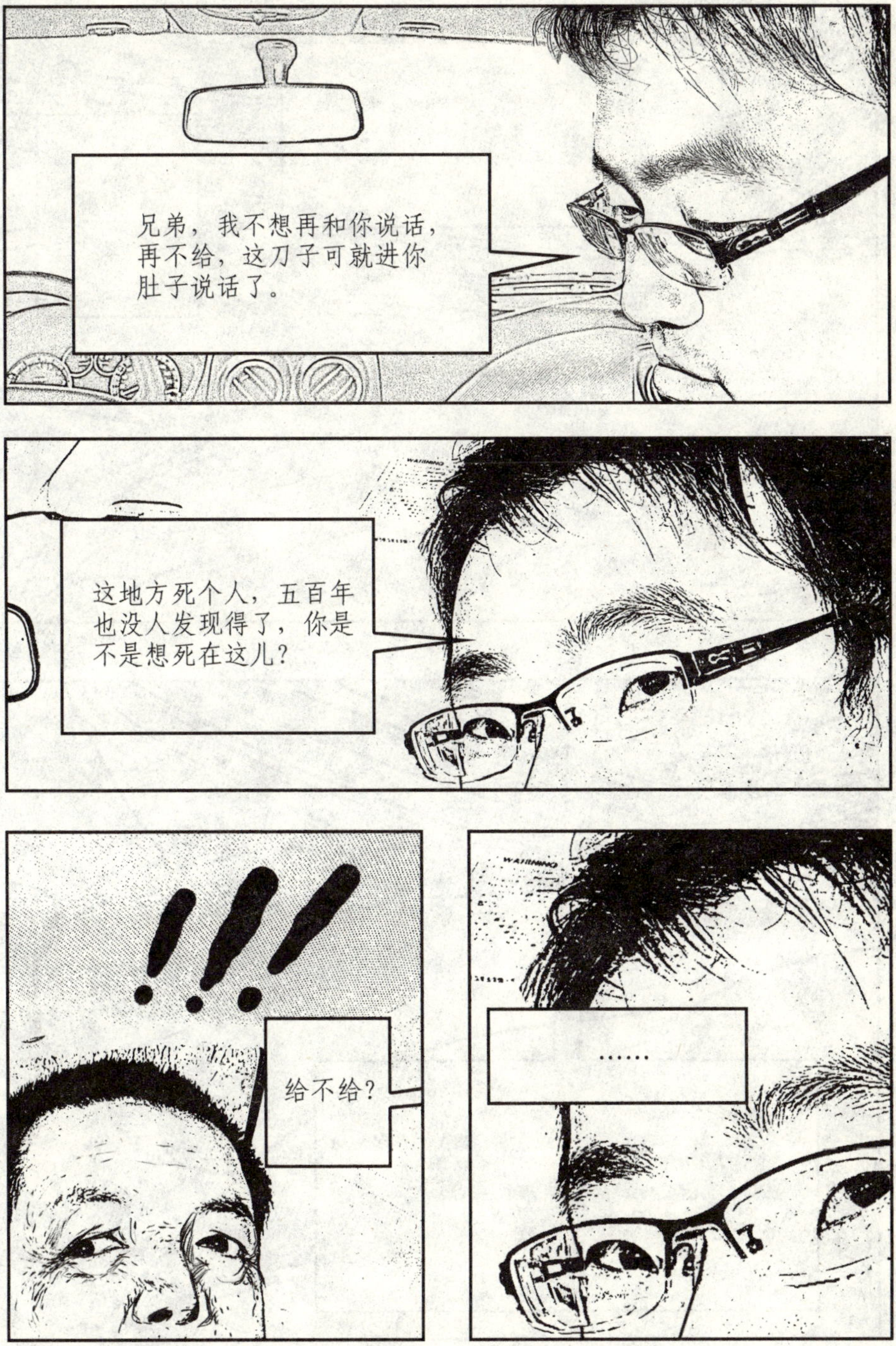
兄弟，我不想再和你说话，再不给，这刀子可就进你肚子说话了。
这地方死个人，五百年也没人发现得了，你是不是想死在这儿？
!!!
给不给？
……

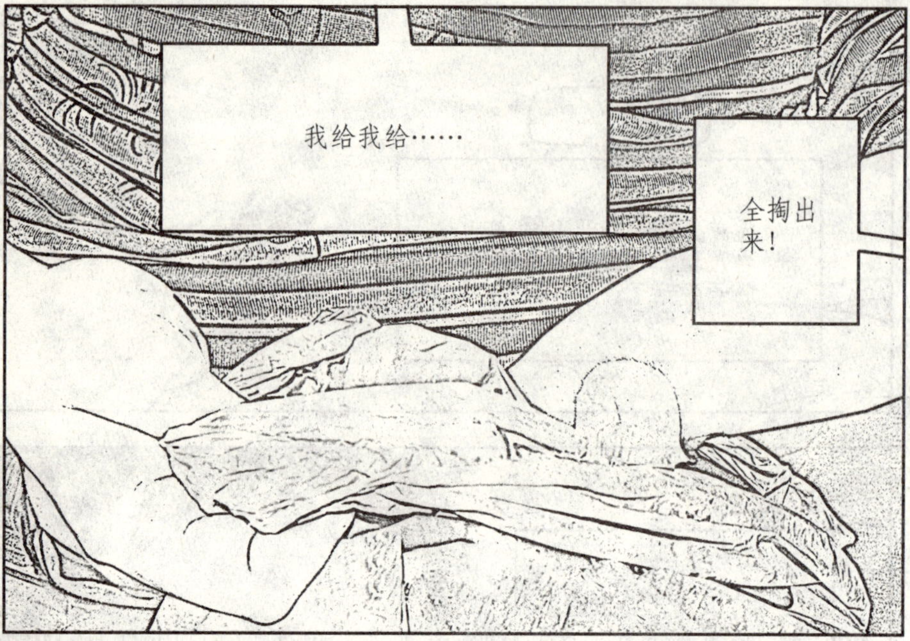
我给我给……
全掏出来！

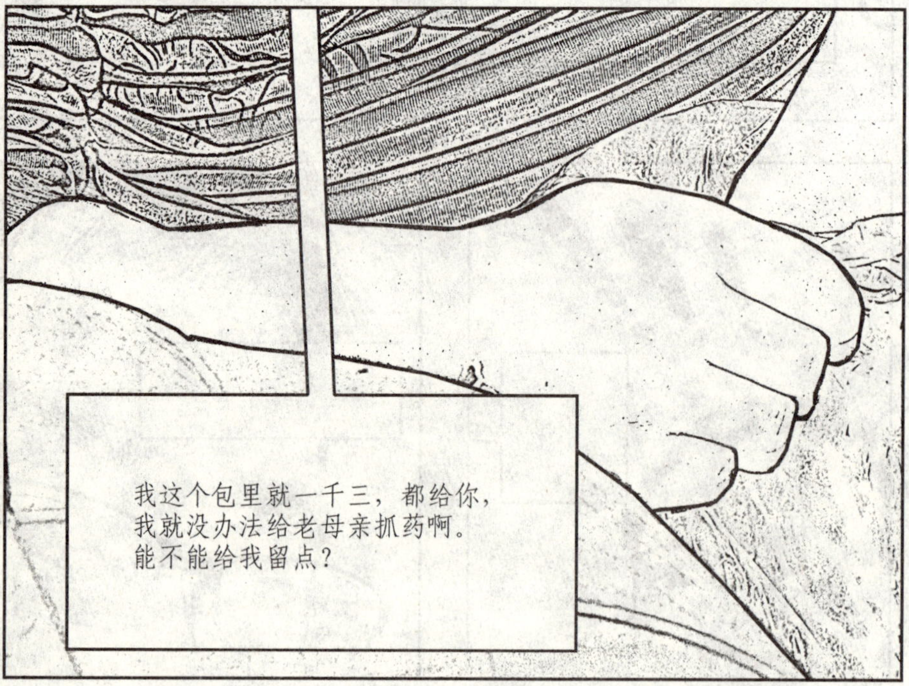
我这个包里就一千三，都给你，
我就没办法给老母亲抓药啊。
能不能给我留点？

连包拿来吧你!
我的钱啊!

这时，二狗刚才打电话叫的出租车赶到，收了三百元后把挨宰的乘客拉去大庆。
二老坏也分得五百元好处，自此，二老坏便和二狗做起了这非法勾当。

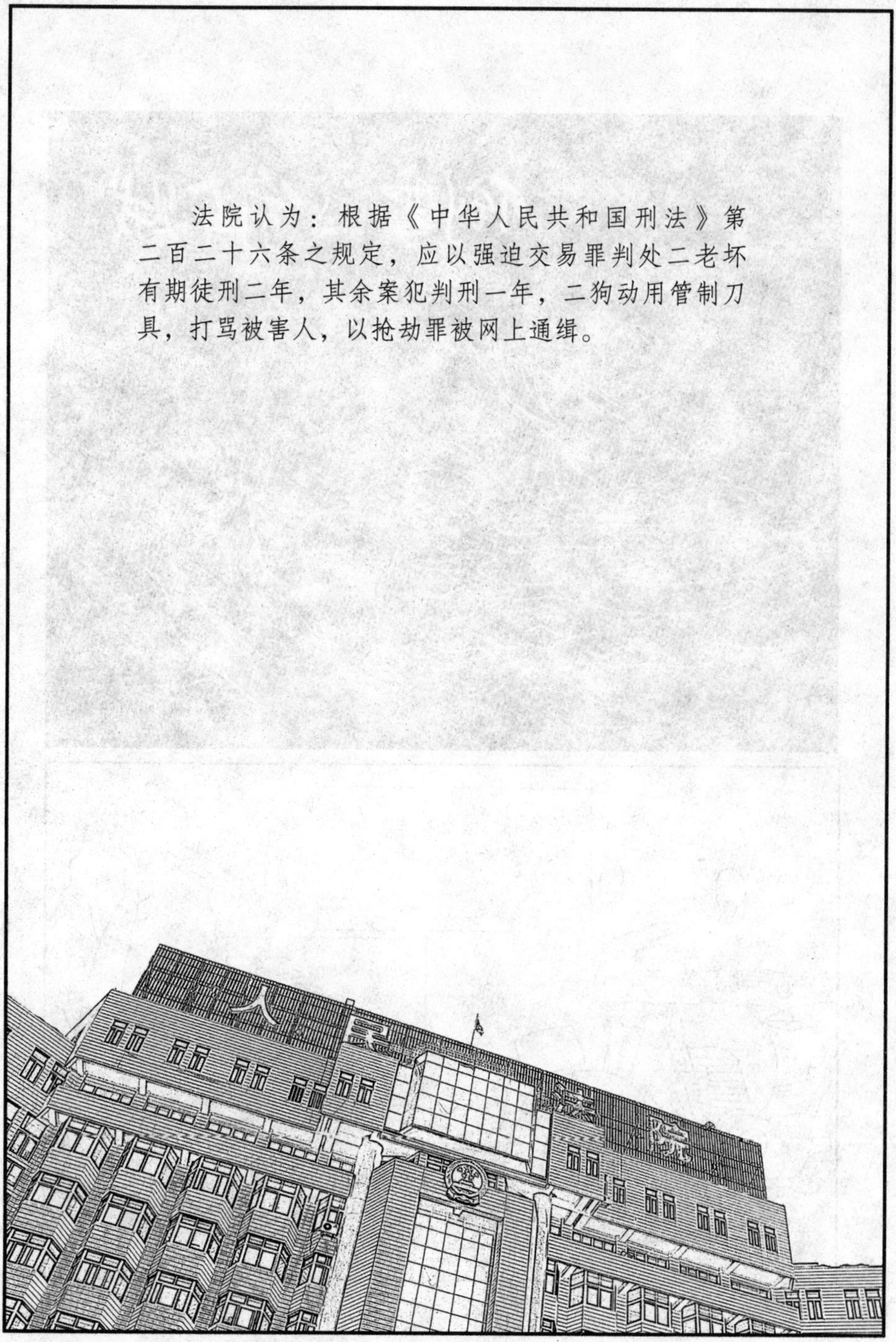
法院认为：根据《中华人民共和国刑法》第二百二十六条之规定，应以强迫交易罪判处二老坏有期徒刑二年，其余案犯判刑一年，二狗动用管制刀具，打骂被害人，以抢劫罪被网上通缉。

倒霉的偷车贼
绘画 肖刚

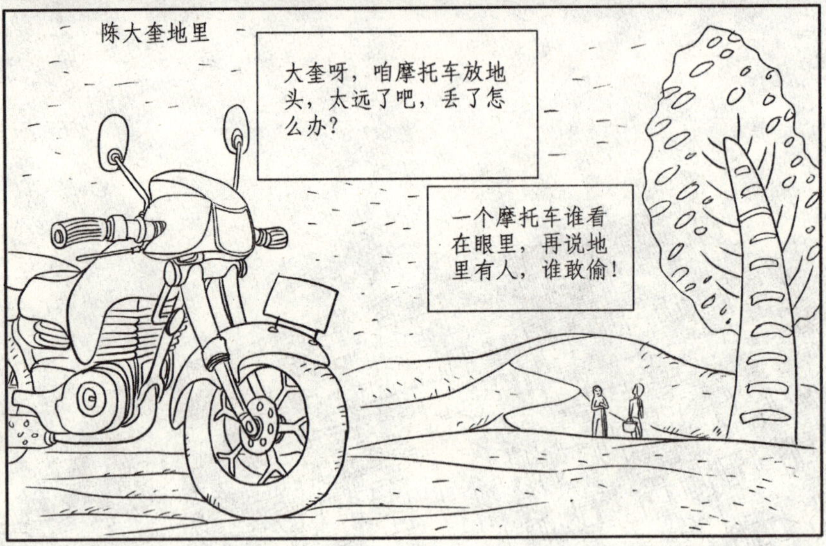
陈大奎地里
大奎呀，咱摩托车放地头，太远了吧，丢了怎么办？
一个摩托车谁看在眼里，再说地里有人，谁敢偷！

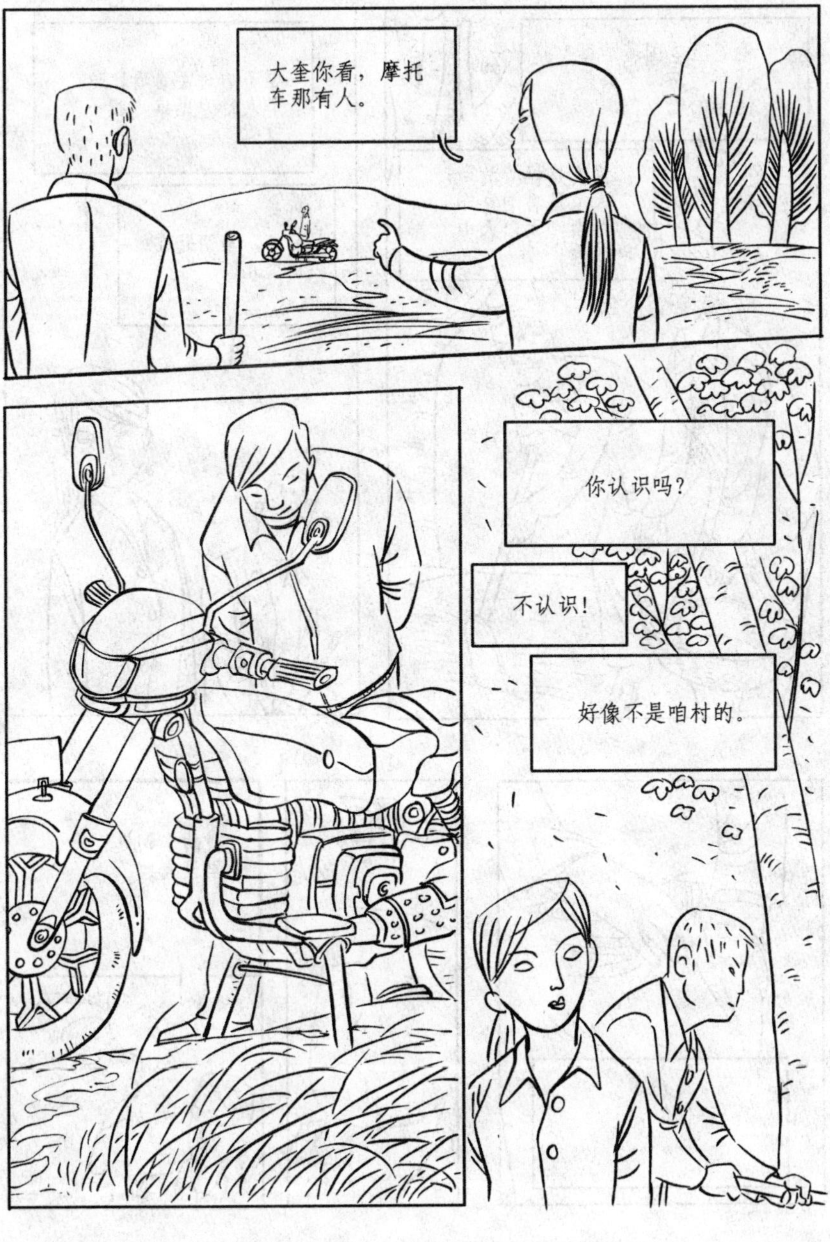
大奎你看，摩托车那有人。
你认识吗？
不认识！
好像不是咱村的。

他怎么老围着咱摩托车转悠。不会是偷车的吧？
你真是操心的命，人家是看咱家车好呗，大白天谁敢偷。
要不咱过去看看，这个人行为鬼祟，我不放心。
没事，车钥匙在我这儿。
不信你看。
啊…
我的车钥匙！兜里没有！

不好。
钥匙没拔，还在车上，快！
大奎不好，那人骑上咱的车了。
你是谁，给我滚下来。
离车还有十几步的距离，车一溜烟地跑出去二十多米。

抓偷车贼呀！
抓偷车贼呀！
山里干活的群众此时听到喊声，都把目光注视在慌不择路的偷车贼身上。

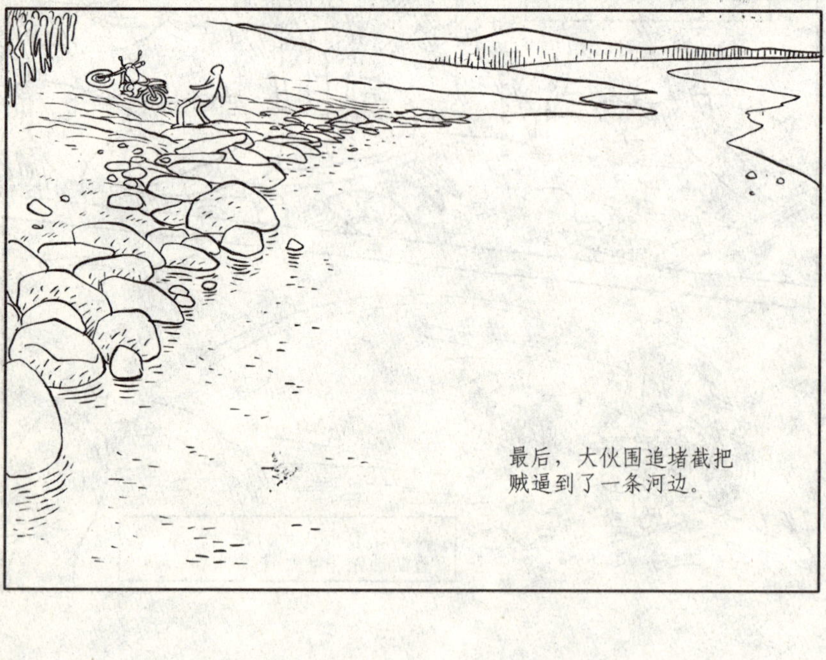
最后，大伙围追堵截把贼逼到了一条河边。

小兔崽子惯的你，你吃了熊心豹子胆了，敢偷我的车。
大爷、大哥、大嫂，你们别追了，我错了，饶我一回吧。

大奎，我看还是算了，咱也没多大损失。
不行，这样的人不收拾，只会到处害人。
饶了我吧，我不敢了。
揍他，揍他，揍死他！
揍他，揍死他！
我就不相信你敢跳进这刺骨的河水。
你们别过来，我可真跳了。

今天你跳河是死，不跳河老子揍你半死，再送你去派出所。
大哥，我知错了，你别再逼我了，我求你放过我一马。
看，我现在在水里了，再不放过我，我可真跳了。

你唬谁呀，跳！我看着你跳！
再见吧，老子就过这河了。
偷车贼虽然只把脚踝浸入水中，可已经冻得瑟瑟发抖。看看岸上愤怒的人群，又回头看看河的对岸。
不能被他们抓住，就这群人一人一拳我也死定了。看河水不深，只要过了河到对岸就可逃得掉。

突然——
救命啊——
救——
扑通——
大奎快救人啊！
活该，淹死拉倒，和咱们没关系。谁也别管，谁管谁与我结仇。
警察立案侦察，并逮捕了陈大奎。
最后，水面上只留下一串长长的气泡。

法院认为：依据《中华人民共和国刑法》第二百三十二条故意杀人罪之规定，陈大奎被判处有期徒刑。“故意杀人罪是指故意杀人的，处死刑、无期徒刑或者十年以上有期徒刑；情节较轻的，处三年以上十年以下有期徒刑。”

本案中陈大奎主观上具有非法剥夺他人性命的故意，客观上具有剥夺他人生命的行为。

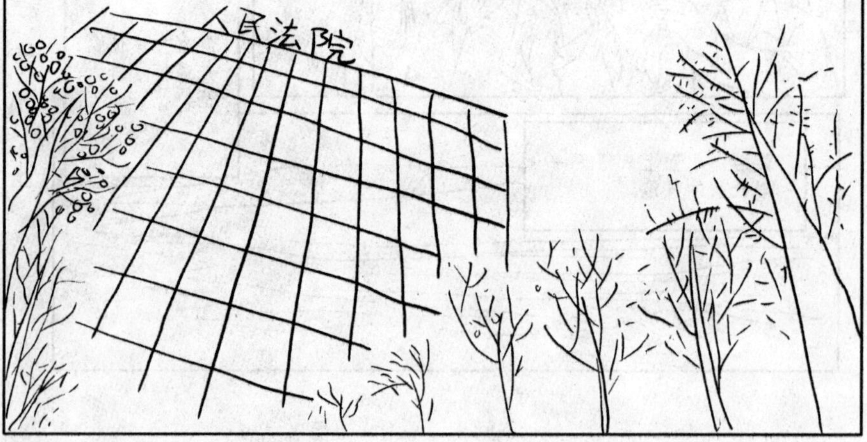

本辑适用法条：

《中华人民共和国刑法》

第二十五条　共同犯罪是指二人以上共同故意犯罪。

二人以上共同过失犯罪，不以共同犯罪论处；应当负刑事责任的，按照他们所犯的罪分别处罚。

第二百二十六条　以暴力、威胁手段，实施下列行为之一，情节严重的，处三年以下有期徒刑或者拘役，并处或者单处罚金；情节特别严重的，处三年以上七年以下有期徒刑，并处罚金：

（一）强买强卖商品的；

（二）强迫他人提供或者接受服务的；

（三）强迫他人参与或者退出投标、拍卖的；

（四）强迫他人转让或者收购公司、企业的股份、债券或者其他资产的；

（五）强迫他人参与或者退出特定的经营活动的。

第二百三十一条　单位犯本节第二百二十一条至第二百三十条规定之罪的，对单位判处罚金，并对其直接负责的主管人员和其他直接责任人员，依照本节各该条的规定处罚。

第二百三十四条　故意伤害他人身体的，处三年以下有期徒刑、拘役或者管制。

犯前款罪，致人重伤的，处三年以上十年以下有期徒刑；致

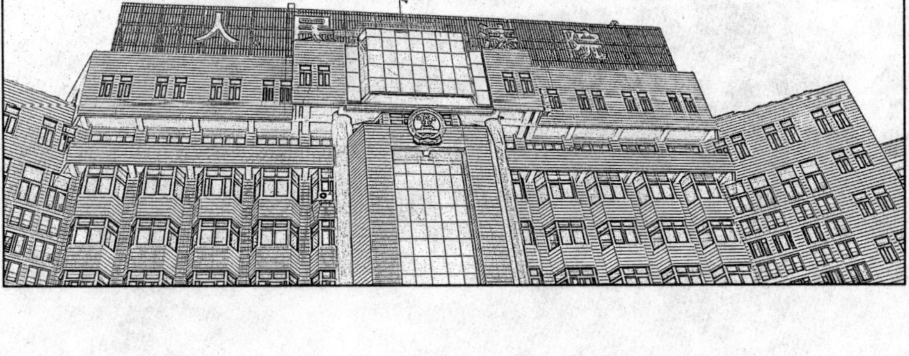

人死亡或者以特别残忍手段致人重伤造成严重残疾的，处十年以上有期徒刑、无期徒刑或者死刑。本法另有规定的，依照规定。

第二百六十三条　以暴力、胁迫或者其他方法抢劫公私财物的，处三年以上十年以下有期徒刑，并处罚金；有下列情形之一的，处十年以上有期徒刑、无期徒刑或者死刑，并处罚金或者没收财产：

（一）入户抢劫的；

（二）在公共交通工具上抢劫的；

（三）抢劫银行或者其他金融机构的；

（四）多次抢劫或者抢劫数额巨大的；

（五）抢劫致人重伤、死亡的；

（六）冒充军警人员抢劫的；

（七）持枪抢劫的；

（八）抢劫军用物资或者抢险、救灾、救济物资的。

第二百二十六条　以暴力、威胁手段强买强卖商品、强迫他人提供服务或者强迫他人接受服务，情节严重的，处三年以下有期徒刑或者拘役，并处或者单处罚金。

第六十七条　犯罪以后自动投案，如实供述自己的罪行的，是自首。对于自首的犯罪分子，可以从轻或者减轻处罚。其中，犯罪较轻的，可以免除处罚。

被采取强制措施的犯罪嫌疑人、被告人和正在服刑的罪犯，如实供述司法机关还未掌握的本人其他罪行的，以自首论。

刑法 1

农村普法教育连环画读本

第二辑

本辑主要登场人物

●陈国栋

●陈二牛

●陈南

●张华

●张龙的媳妇

●张龙

●警察

●警察

●孙秋

●李云

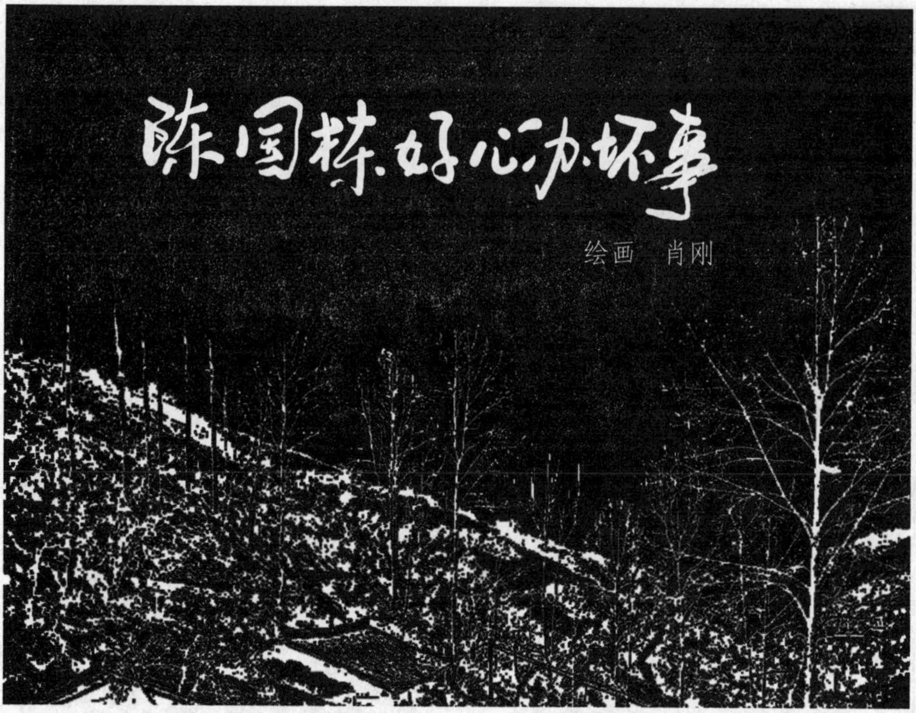
陈国栋好心办坏事
绘画　肖刚

在外漂泊多年的陈国栋打算回乡探亲。

2002 年他回到久别多年的家乡。

站在从小长大的乡村村头，他激动的表情黯然了。
出现在他眼前的，还是他离家时那个一穷二白的乡村模样。
相比外面的繁华，他的这个乡村好像被人们遗忘了。
顿时，兴奋化作伤感，陈国栋流下一滴游子眷家真挚的泪。

我要为家乡脱贫，我要为家乡脱贫，陈国栋的心里铁定了这个一瞬间才有的想法。
见了父母兄弟后，陈国栋就拎了两盒从外地带回的特产去找村长陈二牛。
是国栋啊，听说你回来了，怎么不在家陪陪父母再串门。你父母可是老想你了。
你是弟妹吧，二牛老弟在家吗？
呵呵，在在，还正说去看看你这从小玩到大的朋友呢。
怎么这次没把你媳妇孩子也带回来啊？
他们忙，这次我先自己回来。

是国栋啊，真有你的，现在是大老板了吧！媳妇，多整点菜，国栋今儿中午在这吃。
我来看看你就走，不必这样麻烦，老人多年也没守着我，一直喊着中午饭回去吃。
那我不勉强，大叔大婶不容易。
国栋，跟我说说外面的事。
好。
陈国栋讲起了富裕村庄孩子是如何受教育，村民有医保、有福利，村庄如何美丽，房屋是如何漂亮，卫生条件是如何好……
听得二牛两眼圆睁，一副入神的样子。
最后，陈国栋道出了自己的心愿。

我要投资办厂，为乡亲们谋福利。
太好了国栋，我全力支持，我苦于无门路。今儿你能有这想法，真是太好了。
办厂就要租地，这是要首先考虑的。
租地，租地……
怎么二牛，有困难？
是啊，不瞒你说，咱村耕地很少，租这么大块地可是个难题，这涉及到在谁家地界出租啊。
二牛，咱村西头不是有块“控土”时期留下的荒地吗？那里行吗？
嗯，对，我回头跟村委商讨下，国栋你等我消息吧。
最终，村西这块荒地被村委会确定下来作为投资办厂用地。
随后，陈国栋与村里签定了土地租赁协议，租赁该村土地29.67亩建塑料加工厂，并在租赁协议上写明村委会同意陈国栋租赁该土地用于建造厂房。

说干就干，施工队很快在该地界聚齐。
轰轰烈烈的厂房规划建造开始了。
在村里的积极宣传下，这个消息传开了。
村里地少劳力多，很多人闲在家没事做，一听这个能有收入，都高兴得天天跑工地看热闹，希望这个厂能早早建成。
工程进展很快，眼看厂房就要封顶，设备也要运来了，陈国栋脸上也露出更多的希望。
正在村里人都憧憬着美好希望的时候……

房屋土地管理局及相关部门发现其非法占用农用地，向其送达了《责令限期改正通知书》和《停业施工通知单》。

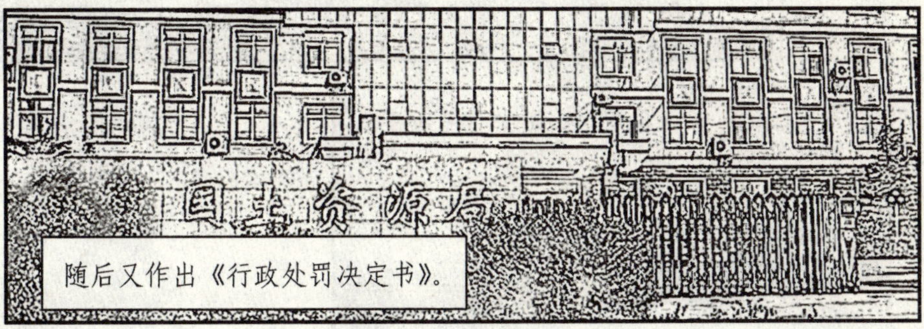
国土资源局
随后又作出《行政处罚决定书》。

陈国栋、陈二牛这才知道租赁土地建厂还需要政府相关部门的批复。

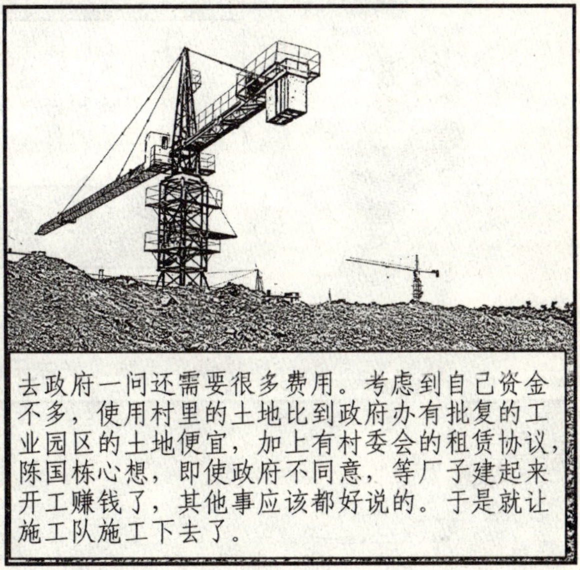
去政府一问还需要很多费用。考虑到自己资金不多，使用村里的土地比到政府办有批复的工业园区的土地便宜，加上有村委会的租赁协议，陈国栋心想，即使政府不同意，等厂子建起来开工赚钱了，其他事应该都好说的。于是就让施工队施工下去了。

2004年5月……
国家“五部委”检查违规用地情况，此时陈国栋刚在其租赁的农用地上建造的房屋还未完工。
乡里通知他：停业建厂房，根据《土地管理法》及《土地管理法实施条例》规定，严格限制农用地转为建设用地。
在通知中，陈国栋知道了土地分为建筑用地、农用地和未利用地，而自己的行为已经违规。
陈国栋慌了手脚，好阵子闷闷不乐。

工地停止作业一段时日后，陈国栋没看到任何动静，侥幸认为检查已结束，自己躲过去了。
再看看乡亲们那期盼的眼神，为了村里人的富裕，为了自己的积蓄不打水漂，又继续盖厂房进设备。
2004年10月16日……
此事惊动了市里。
相关部门感觉情况严重，市农业保护监测站向陈国栋出示了调查资料。
希望你认真学习下。

建筑厂房累计占用地 13216.45 平方米，其中房屋 3421.44 平方米，其余为平地面积。
施工层内含有大量不同粒径的混凝土、石子、砂子，已破坏耕作土壤应具备的基本要素，使农用地损坏严重，已不能耕种。
时至此时，公安机关立案侦察，将陈国栋抓走了。
公安
村里人不解，为什么做好事反而被抓，大家都有了情绪。

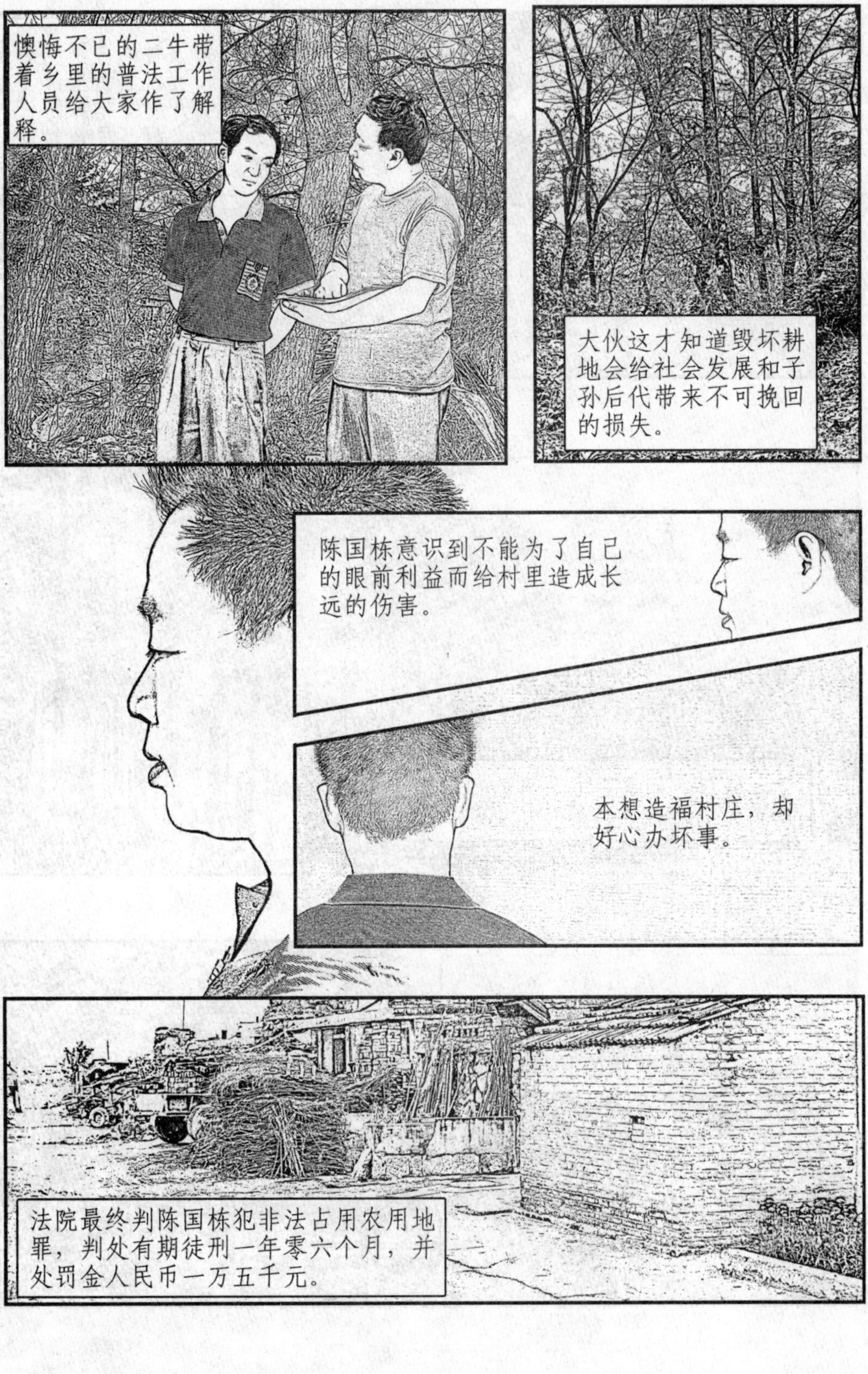
懊悔不已的二牛带着乡里的普法工作人员给大家作了解释。
大伙这才知道毁坏耕地会给社会发展和子孙后代带来不可挽回的损失。
陈国栋意识到不能为了自己的眼前利益而给村里造成长远的伤害。
本想造福村庄，却好心办坏事。
法院最终判陈国栋犯非法占用农用地罪，判处有期徒刑一年零六个月，并处罚金人民币一万五千元。

这件事后，市里将该村的贫困问题放到解决管理中，拨款给村里修了路，并由市里牵头开发当地旅游资源，制订了建立生态村、民俗村发展计划。

贫困的村庄最终因生态旅游和土特产深加工而富裕起来。

陈国栋所盖的厂房因为已经完工，拆除不但损失严重，而且土地也很难恢复，便改造成旅游酒店和土特产市场，为陈国栋挽回了损失。

陈国栋因在服刑期间表现出色，提前释放了。村里人感激他。

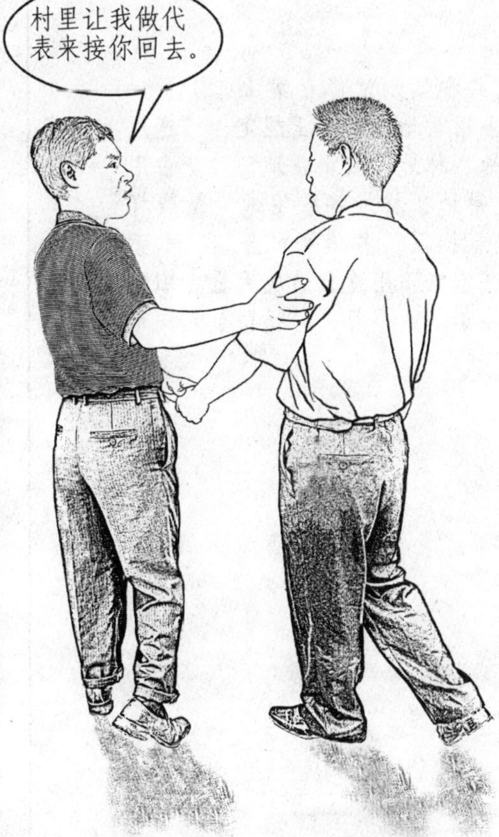

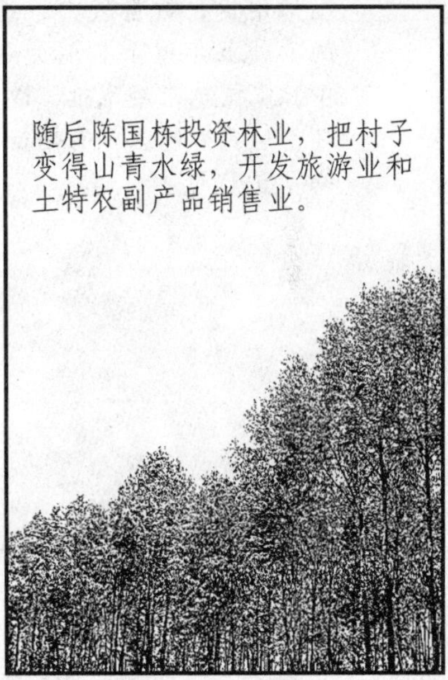

法院认为：《中华人民共和国刑法修正案（二）》对刑法第三百四十二条的非法占用耕地罪的修正规定，“违反土地管理法规，非法占用耕地、林地等农用耕地，改变占用土地用途，数量较大，造成耕地、林地等农用地大量毁坏的，处五年以下有期徒刑或者拘役，并单处罚金。”本案中，陈国栋未经审批，改变基本农田用途，造成大量农田毁坏，应判处陈国栋有期徒刑一年零六个月，并处罚金人民币一万五千元。

贪心害了他们
绘画　肖刚
1999 年，张二歪因犯盗窃罪被法院判处有期徒刑七年。
2006 年刑满释放。
回到家中的张二歪，已是一穷二白。

妻儿离他远去，品德不端谁也不愿意雇用他。
你这儿用人吗？
不用。
安全生产
自己没有一技之长，天天吃上顿没下顿，一天到晚无精打采的。
唉，我该怎么办呢？
何处才是我的出路。

种地连工具都买不起，打工也没人用。
出门挨别人的冷眼。
这样下去不是个办法啊！
●●●●●●

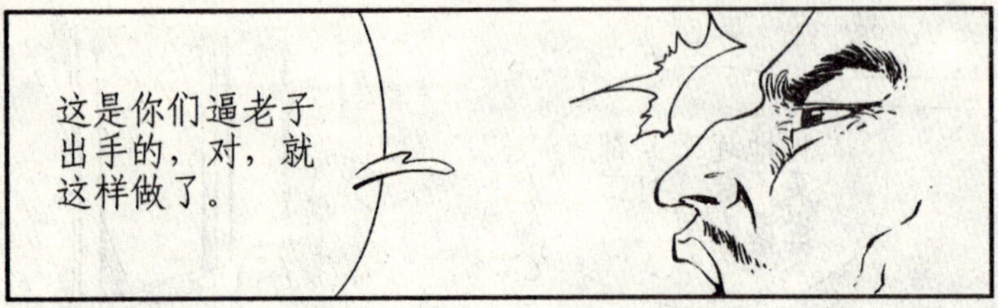
这是你们逼老子出手的，对，就这样做了。

就做这老本行。

重操旧业，我东西还很全套，只有这一条路了。

我得找个帮手才行，找谁呢？
对，刘子，他手也不干净，就是没有被抓，找他合适。
NOKIA
13

刘子，我呀，二歪，你在哪？晚上来我家，找你发财。
好。
夜幕下两个人一拍即合，最终决定下手偷电缆。
我说二歪，偷电缆是没问题，荒郊野外没人看管。

可问题是那玩意儿太重，咱俩怕也成不了什么事。
你的意思找人入伙？
对，人多力量大，我们组伙，这样以后还能干大事。
好，你看咱找谁？
我看找马驹子怎么样？
好，这个人胆子大，特别是贼胆。

马驹子本就游手好闲，也没什么营生，对蹲大狱回来的二歪不但不躲，反而感觉到仰慕。

二歪自视能耐大，经验多，承担了勘察作案现场的任务。
为了运输方便，他在临近公路的一条线路上寻找作案地点。
哈哈，这里真是好地方。
这要是全弄下来，这一条条细长的小玩意儿能卖多少钱啊！

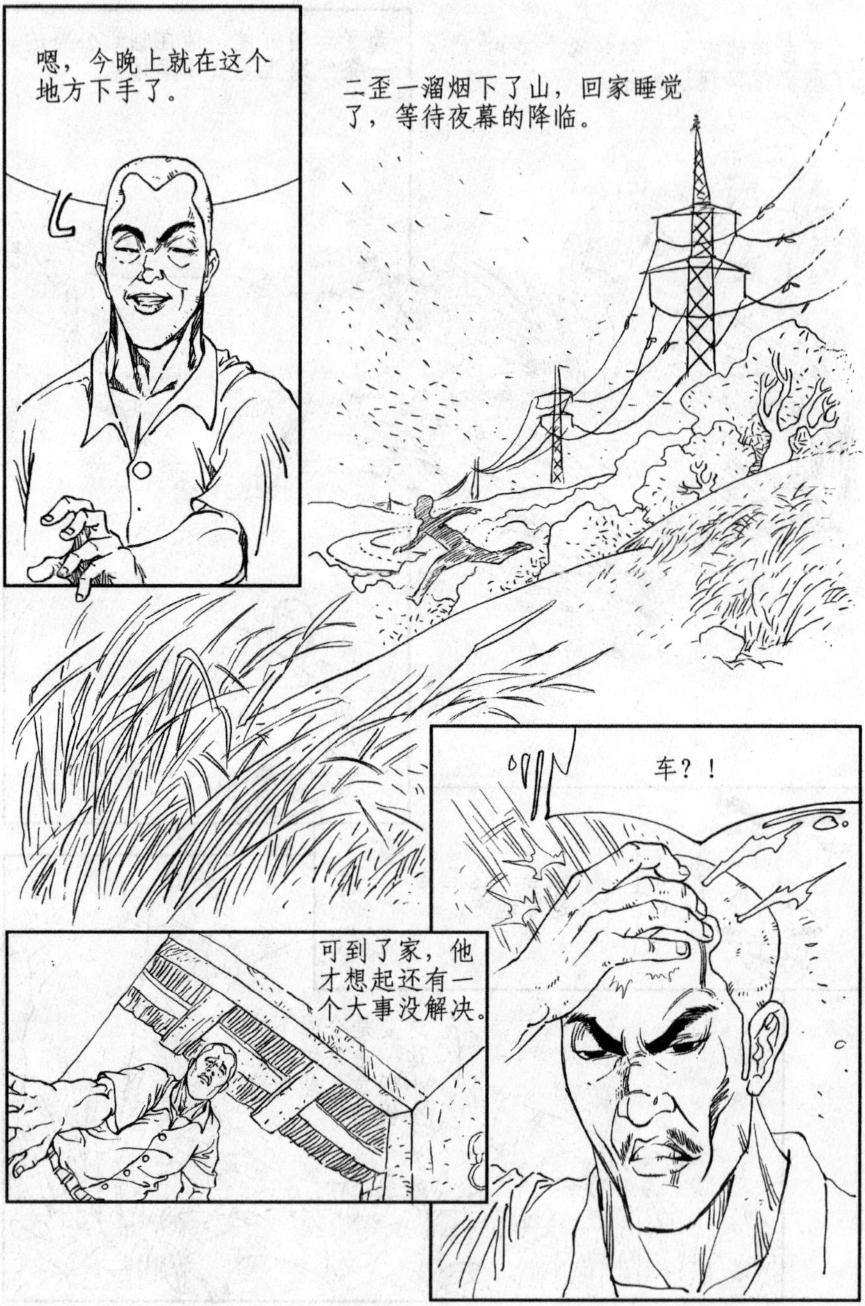
嗯，今晚上就在这个地方下手了。
二歪一溜烟下了山，回家睡觉了，等待夜幕的降临。
可到了家，他才想起还有一个大事没解决。
车？！

天，我怎么忘了还要有一辆大货车呢，车怎么办？
二歪在吗？
刘子，你来得正好，车的事……
我就是为这事找你来的。
你看老宋的车怎么样？
你有啥主意吗？

老宋的车，老宋……
我看行，这个人胆小怕事，还爱占小便宜，到时候多给他一点点好处。
那好，先不跟他说，到了现场看情况。
好，你就说你有一堆化肥要他晚上拉。
我这就去找他。
转眼到了晚上。

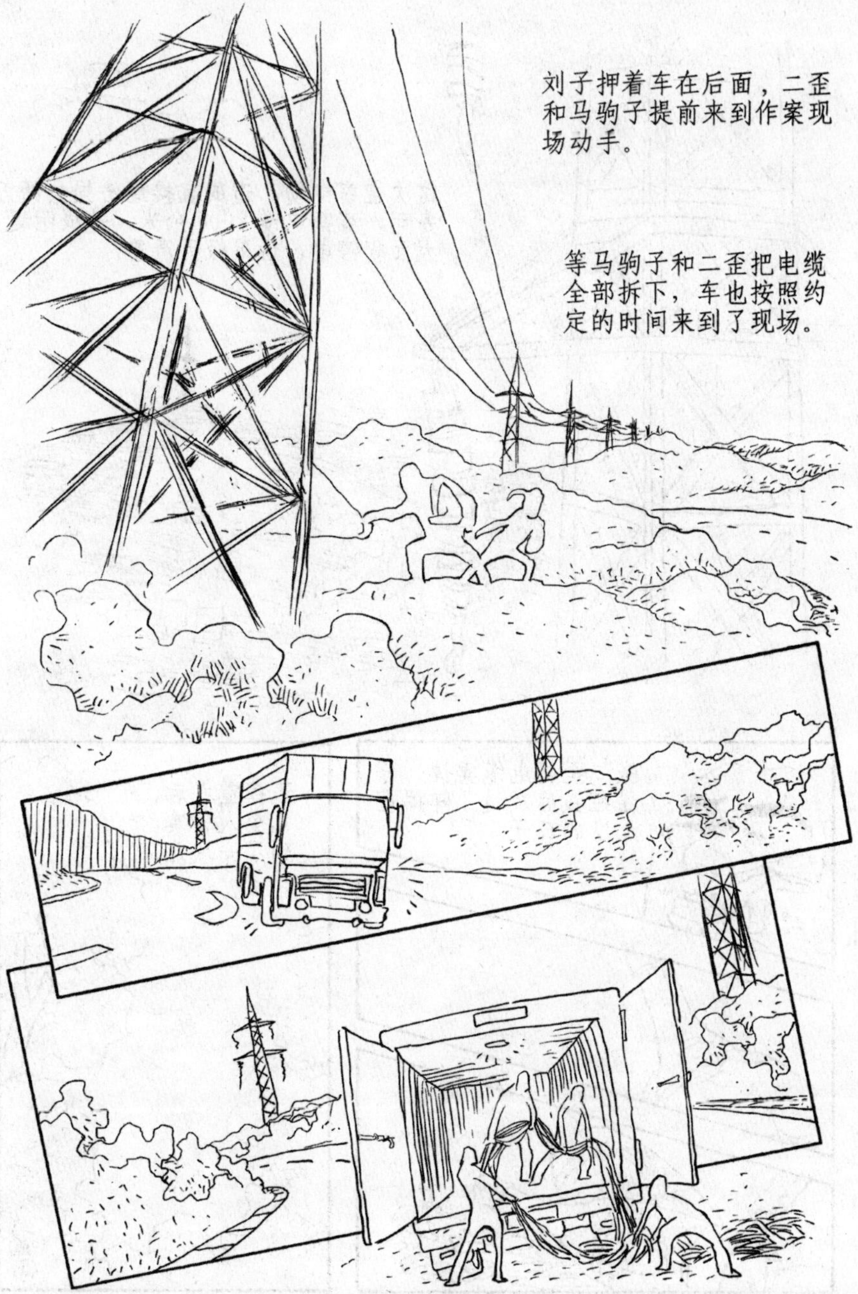
刘子押着车在后面，二歪和马驹子提前来到作案现场动手。
等马驹子和二歪把电缆全部拆下，车也按照约定的时间来到了现场。

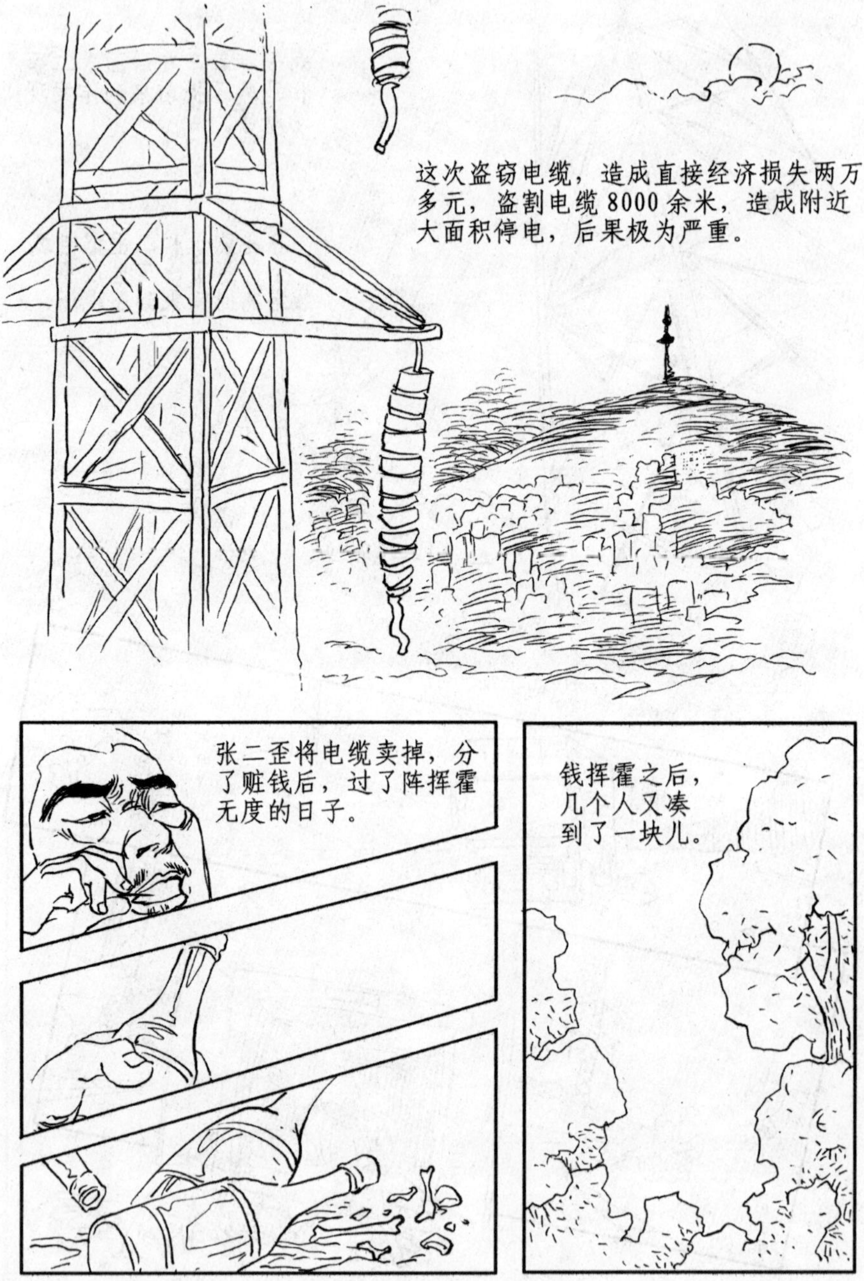
这次盗窃电缆，造成直接经济损失两万多元，盗割电缆8000余米，造成附近大面积停电，后果极为严重。
张二歪将电缆卖掉，分了赃钱后，过了阵挥霍无度的日子。
钱挥霍之后，几个人又凑到了一块儿。

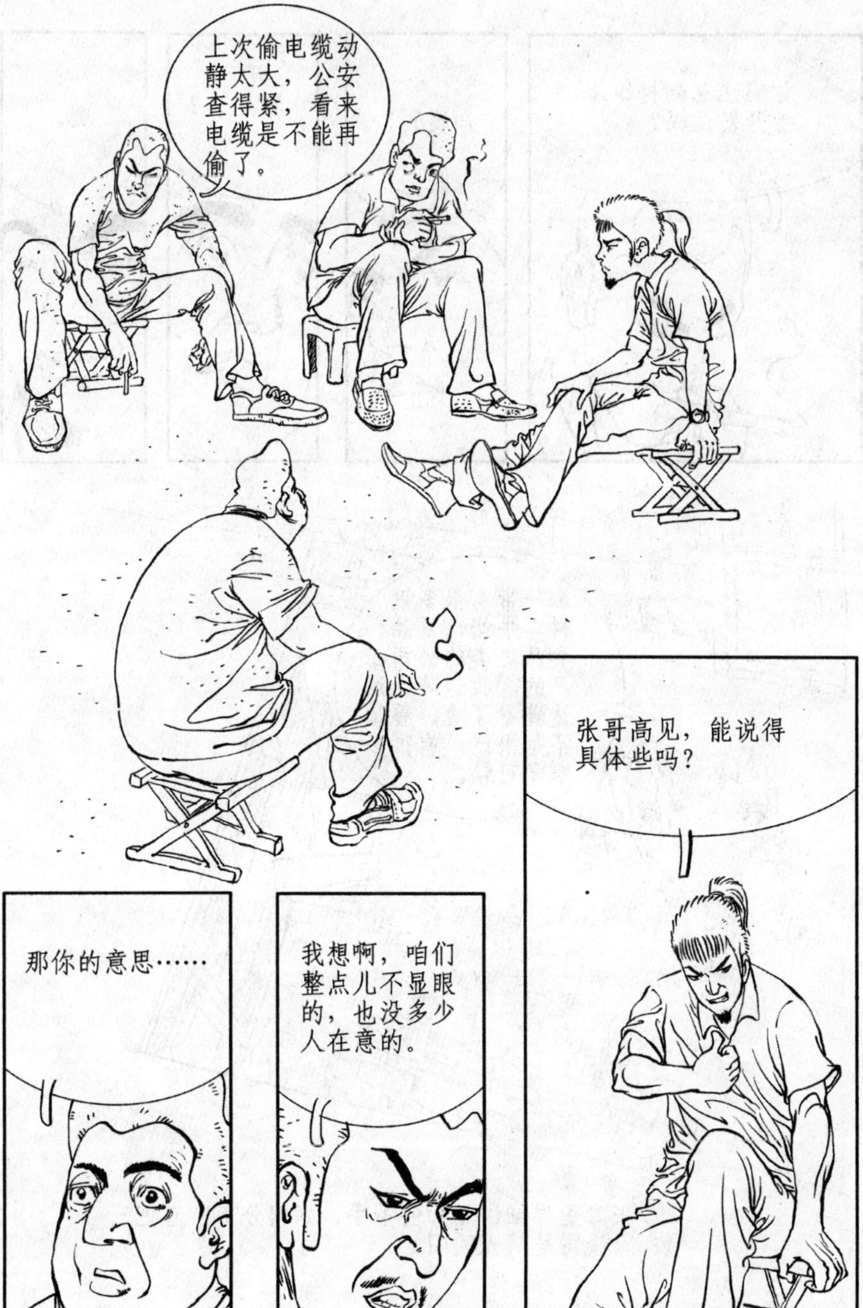
上次偷电缆动静太大，公安查得紧，看来电缆是不能再偷了。
张哥高见，能说得具体些吗？
那你的意思……
我想啊，咱们整点儿不显眼的，也没多少人在意的。

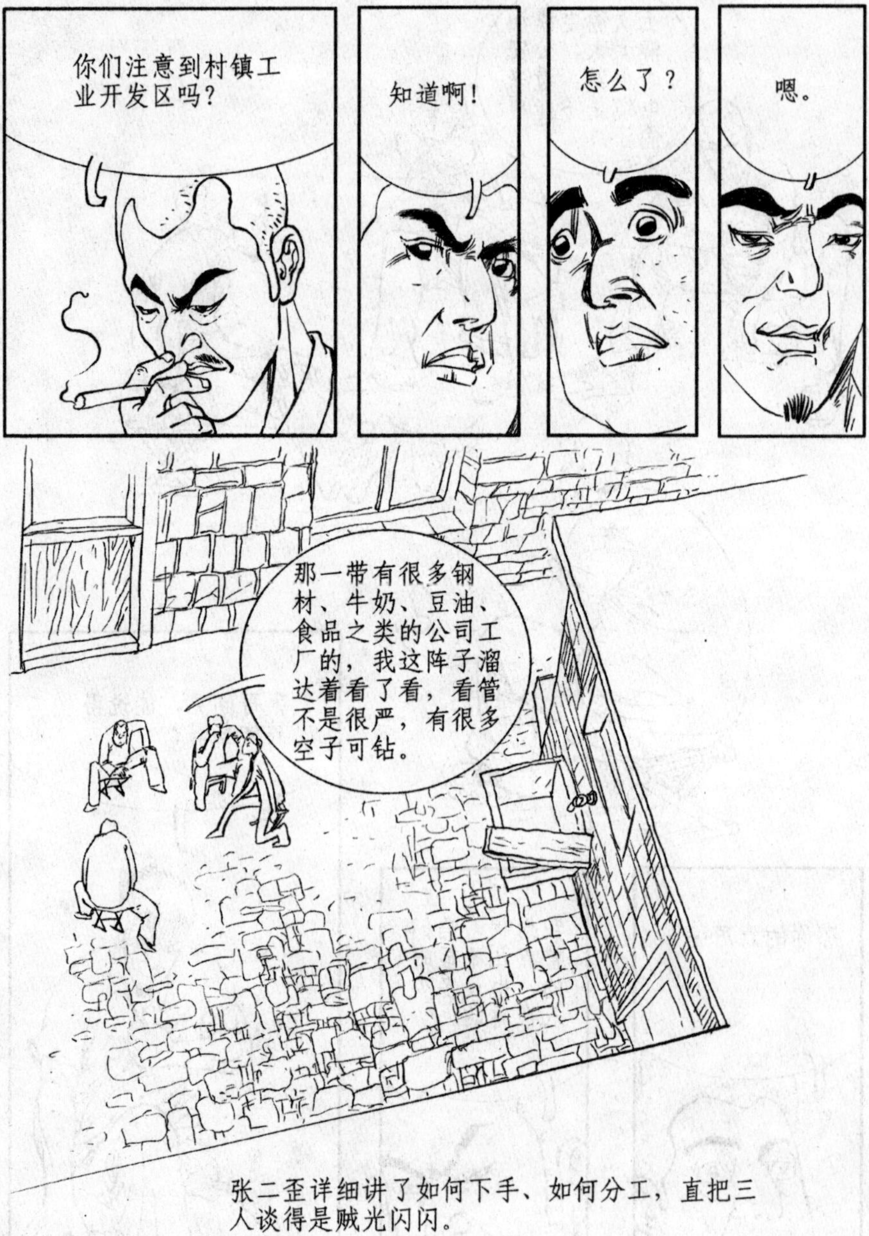

张二歪详细讲了如何下手、如何分工，直把三人谈得是贼光闪闪。

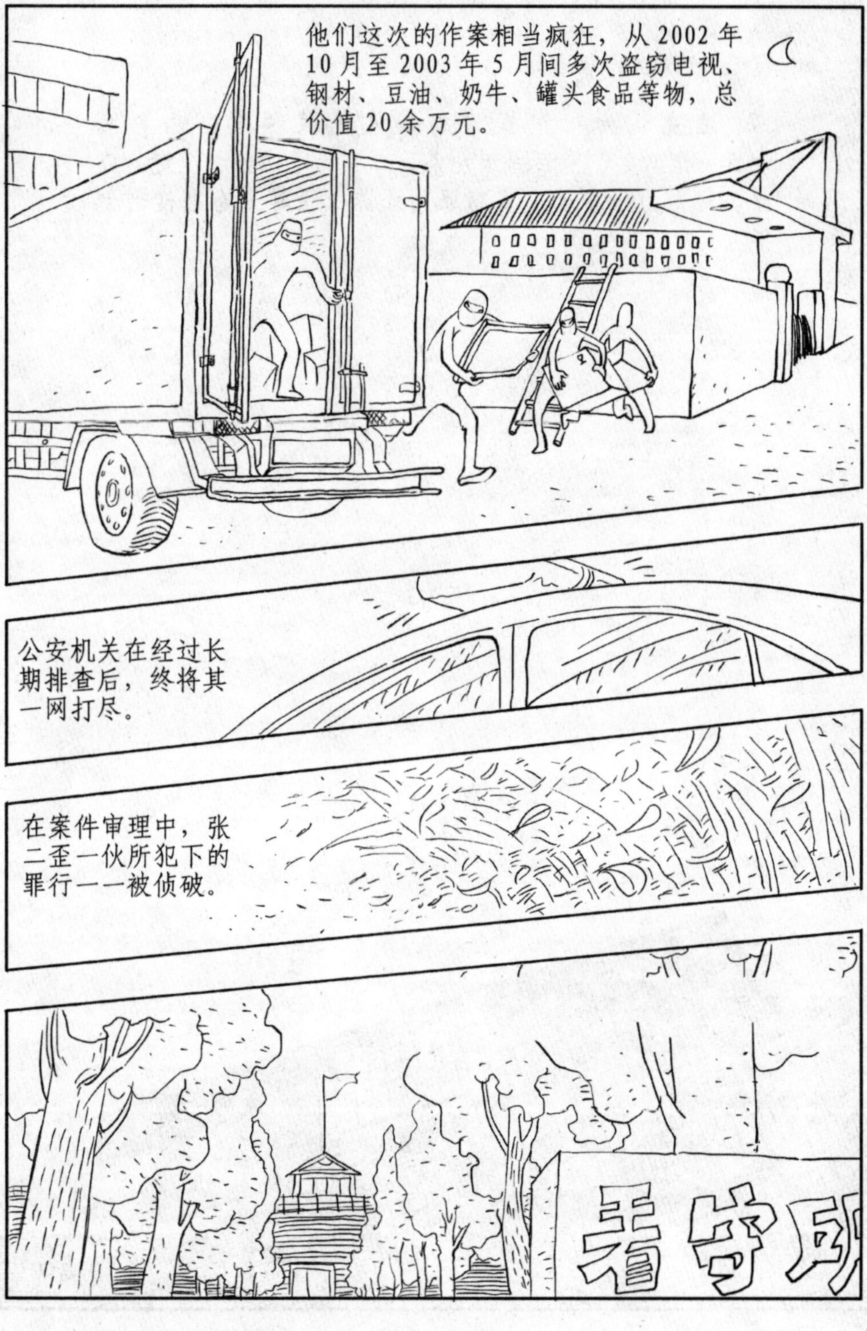
他们这次的作案相当疯狂，从2002年10月至2003年5月间多次盗窃电视、钢材、豆油、奶牛、罐头食品等物，总价值20余万元。
公安机关在经过长期排查后，终将其一网打尽。
在案件审理中，张二歪一伙所犯下的罪行一一被侦破。
看守所

法院认为：根据《中华人民共和国刑法》第一百一十八条、一百一十九条、二百六十四条之规定，应以破坏电力设备罪、盗窃罪判处陈二歪等人有期徒刑十年。

拾来的黑包
绘画　肖刚
023689
025266
啦啦啦，今儿个真高兴啊，真呀真高兴。
老婆……
哈哈……

什么事把你乐的。
看你那样我就来气，一天到晚怎么就不知道着急。
一清早让你去弄化肥，你人去了快一整天才回来。
家里那么多事要干，你又去哪疯了，化肥呢，买回来了吗？

老婆大人你别生气，听我慢慢说来……
少来这娘娘腔，今天到底去哪了？
老婆，我今天其实还真什么事也没干，就买化肥了。
那化肥呢？！
你别急，听我说。

化肥没弄回来，那不着急，有钱早晚买回来。

那你高兴个啥劲。
哈哈，老婆你表情真逗。

笑啥，没个正行，吃蜂蜜屎啦！
告诉你吧，我发了笔小财。
切，唬谁呀，鬼才信你的话呢！
真的，别老瞧不起我张龙，谁也有手气好的时候。

你发财了？
呵呵，你自己摸摸就知道了。
就摸这裤兜，摸呀！
你要骗俺，今儿别想吃饭。
没问题。

还……还真有钱的感觉啊！老多啊！
这多少钱啊？
怎么样，做好吃的给我也不过分吧。

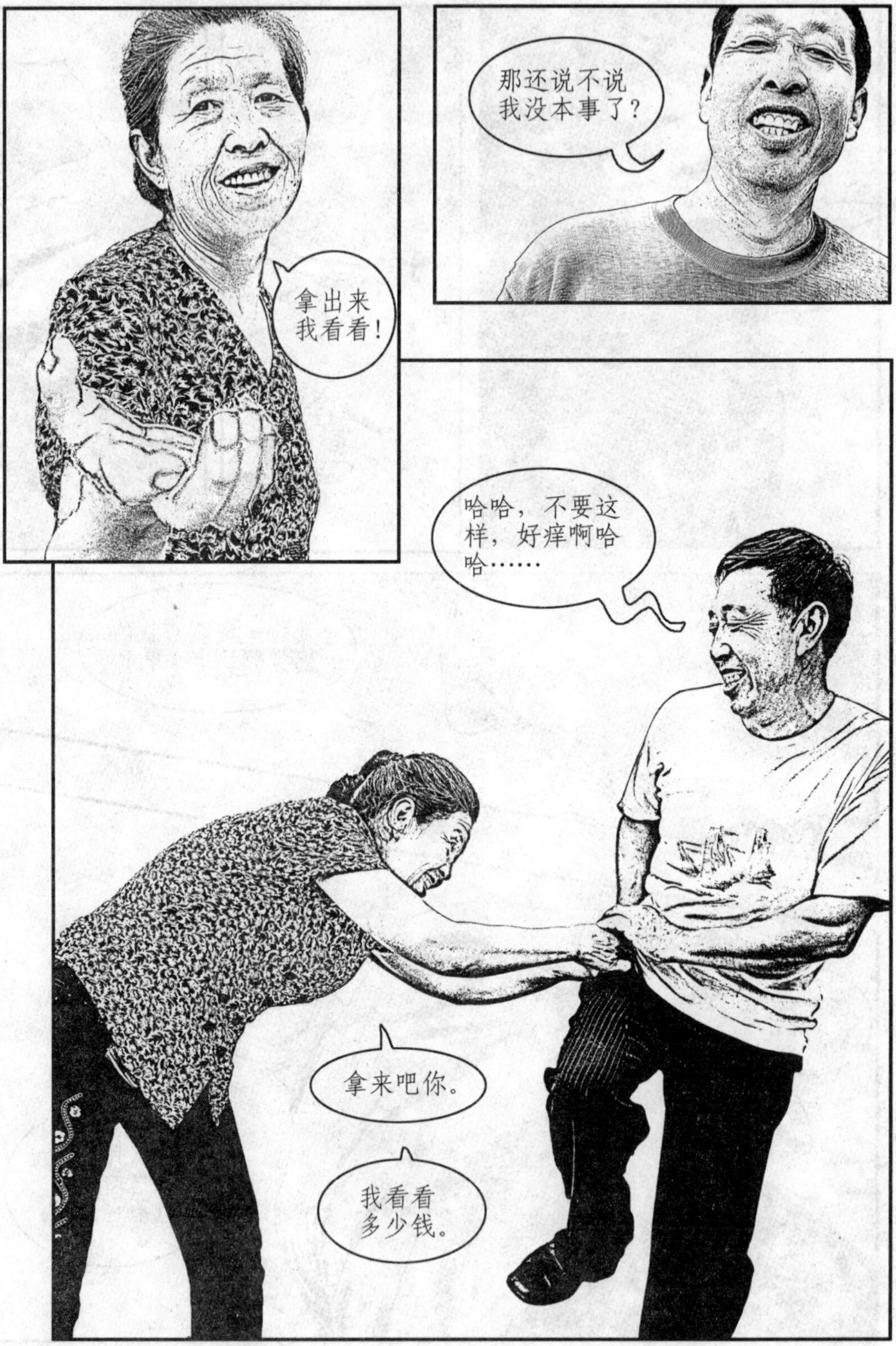
那还说不说我没本事了？
拿出来我看看！
哈哈，不要这样，好痒啊哈哈……
拿来吧你。
我看看多少钱。

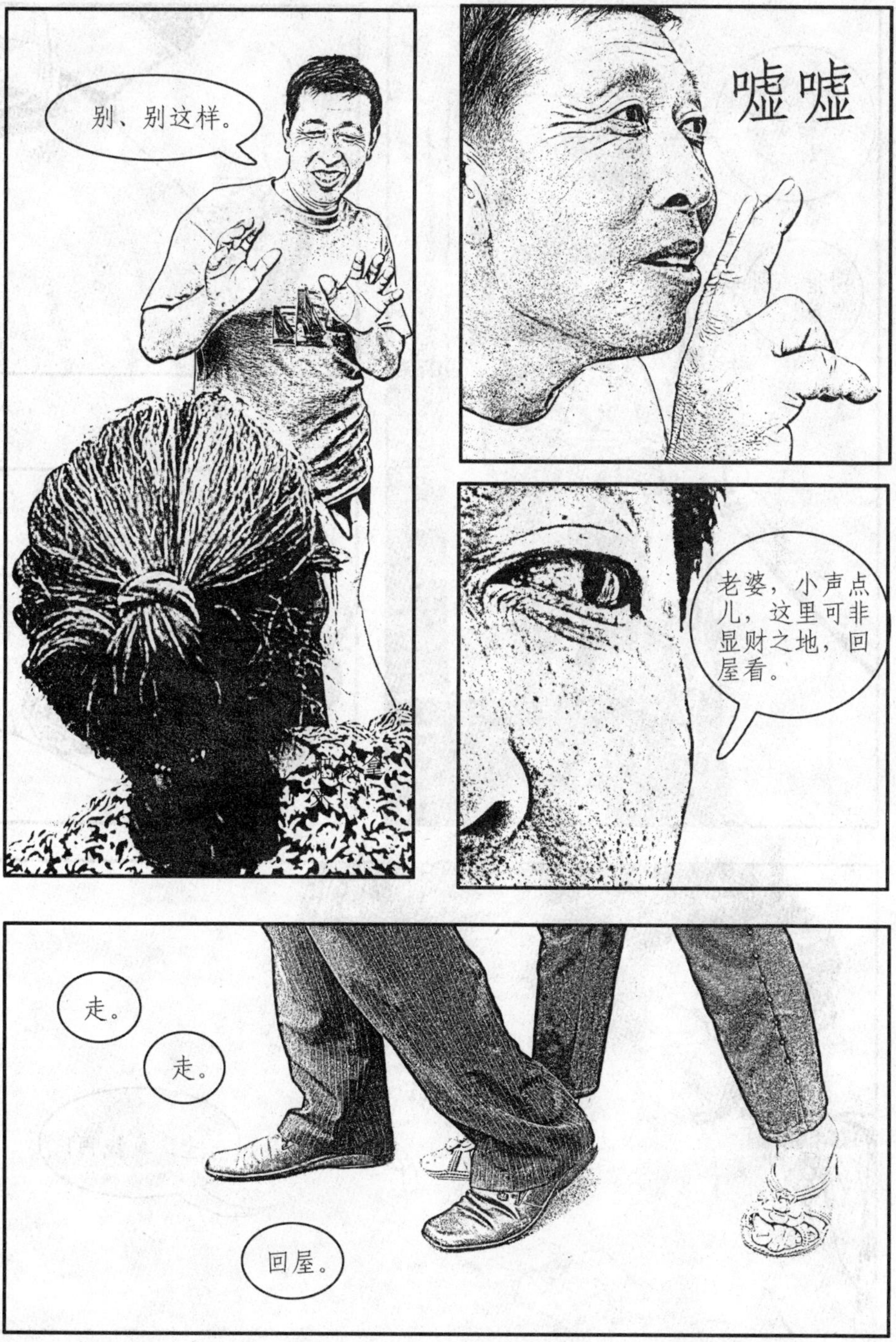
别、别这样。
嘘嘘
老婆，小声点儿，这里可非显财之地，回屋看。
走。
走。
回屋。

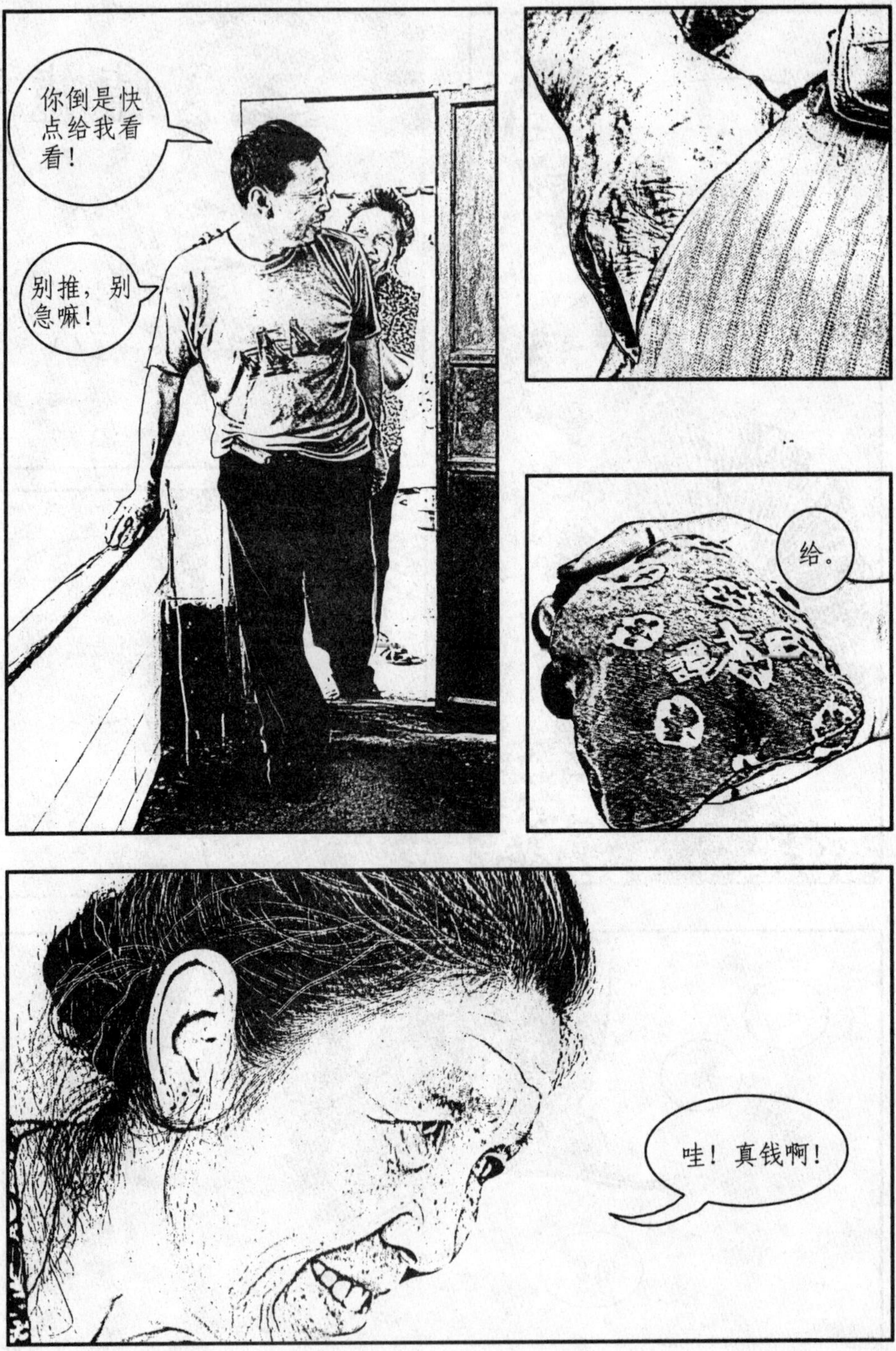
你倒是快点给我看看！
别推，别急嘛！
给。
哇！真钱啊！

这有多少？
整5000元。
天，张龙，你这咋赚的？
赚的？高手都
是天上掉的！

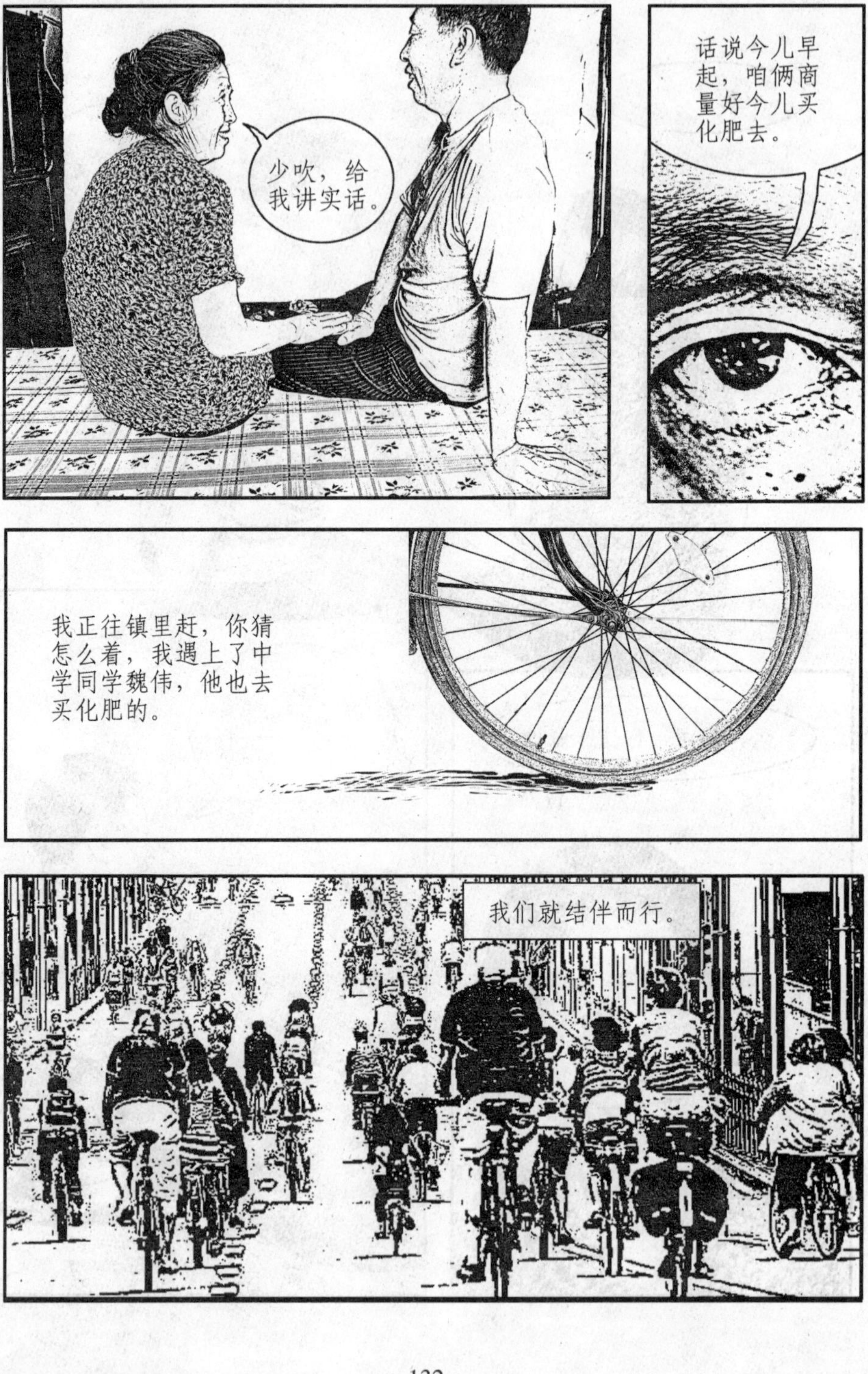
少吹，给我讲实话。
话说今儿早起，咱俩商量好今儿买化肥去。
我正往镇里赶，你猜怎么着，我遇上了中学同学魏伟，他也去买化肥的。
我们就结伴而行。

到了镇上一看，
统共两家卖化
肥的，还都没
货，我们当时
那个扫兴啊！

瞅瞅也快中午了……

招待所
欢迎
光临
我们谈得也比较投机，
就进了镇上老金开的
招待所喝酒。

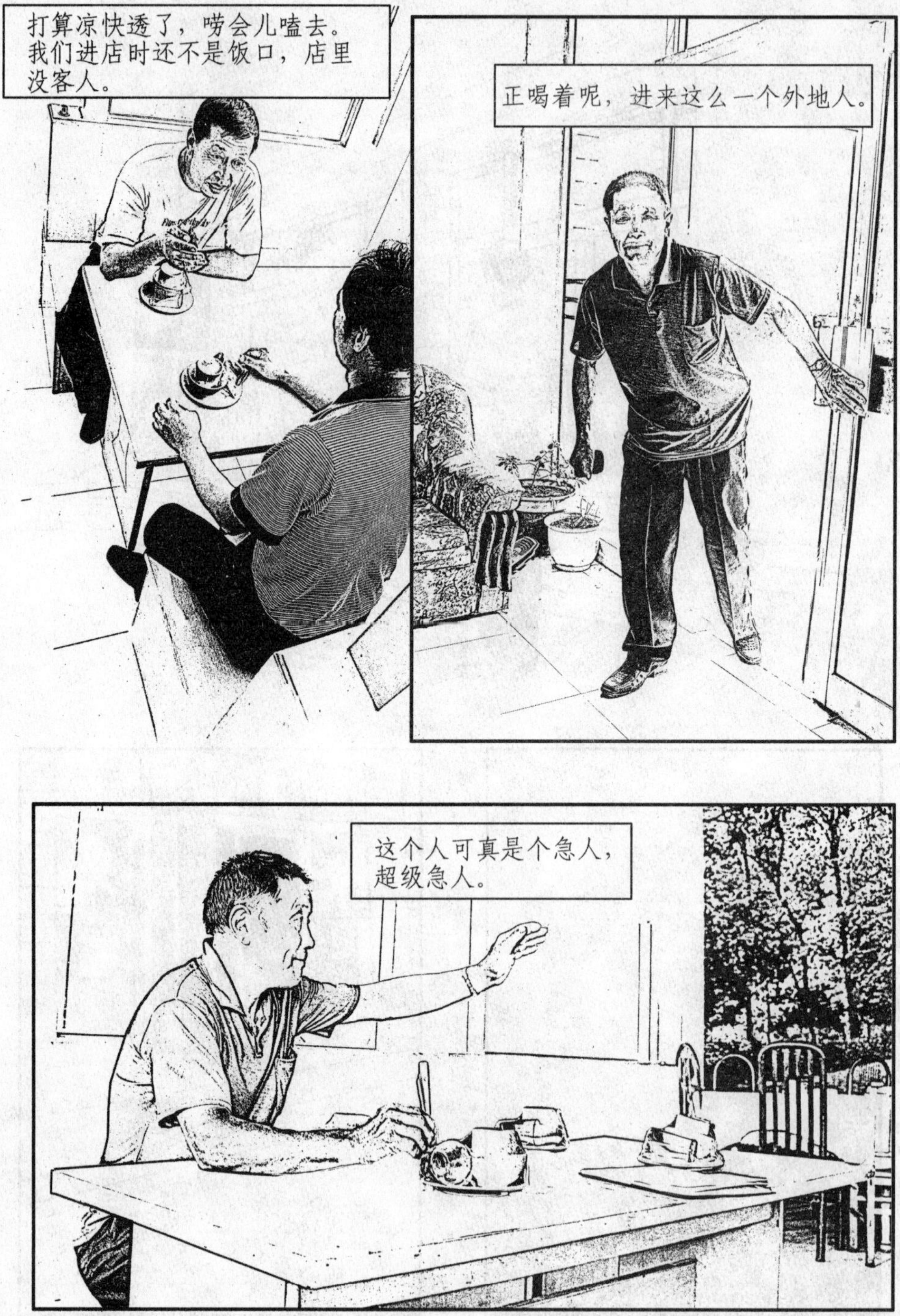
打算凉快透了，唠会儿嗑去。我们进店时还不是饭口，店里没客人。
正喝着呢，进来这么一个外地人。
这个人可真是个急人，
超级急人。

坐下坐的急、点菜点的急、
催饭催的急、吃饭吃的急。

这饭吃了一半，
要了瓶啤酒，
一口就整瓶倒
进肚子了。

真是没片刻的工夫，这饭就吃得光光。看来是真有急事，只点了凉菜加米饭，为的是吃得快。
他在我们之后来的，却先吃完走人了。
我们也吃得差不多，轮我们算账。我请客，魏伟进了洗手间，我站在柜台等老金算账。
我不经意间发现，那人的饭桌上有一个黑包儿。
我的第一反应是黑包儿贵重，要追还那人。

可转念一想，没人看见的包何不顺手牵羊……
老金老婆仍在查账，魏伟还没出来，我迅速移动到那桌前，顺手把包放入自己的口袋。
两个人为这个意外之财高兴得一晚上没睡。

张龙“发财”的事情过了两天，民警突然到他家造访。
对于民警们突然上门，张龙感觉有些不妙。
但侥幸心理又使他很快冷静下来。
张龙脸色的变化早被民警看在眼里。
你是张龙吗？我们是镇派出所的，有人把你告了，跟我们走一趟吧。
别呀，啥事，有事在这里说不成吗？我还有地里活呢。

我老公守法守纪，凭什么带走他？
少废话，你有严重的侵占他人财产行为，跟我们上车。
你也有事，我有问题请你如实回答，老王，把张龙带走。
我有啥事？
是。
张龙被押上警车，进了所里的审讯室。
人民公安

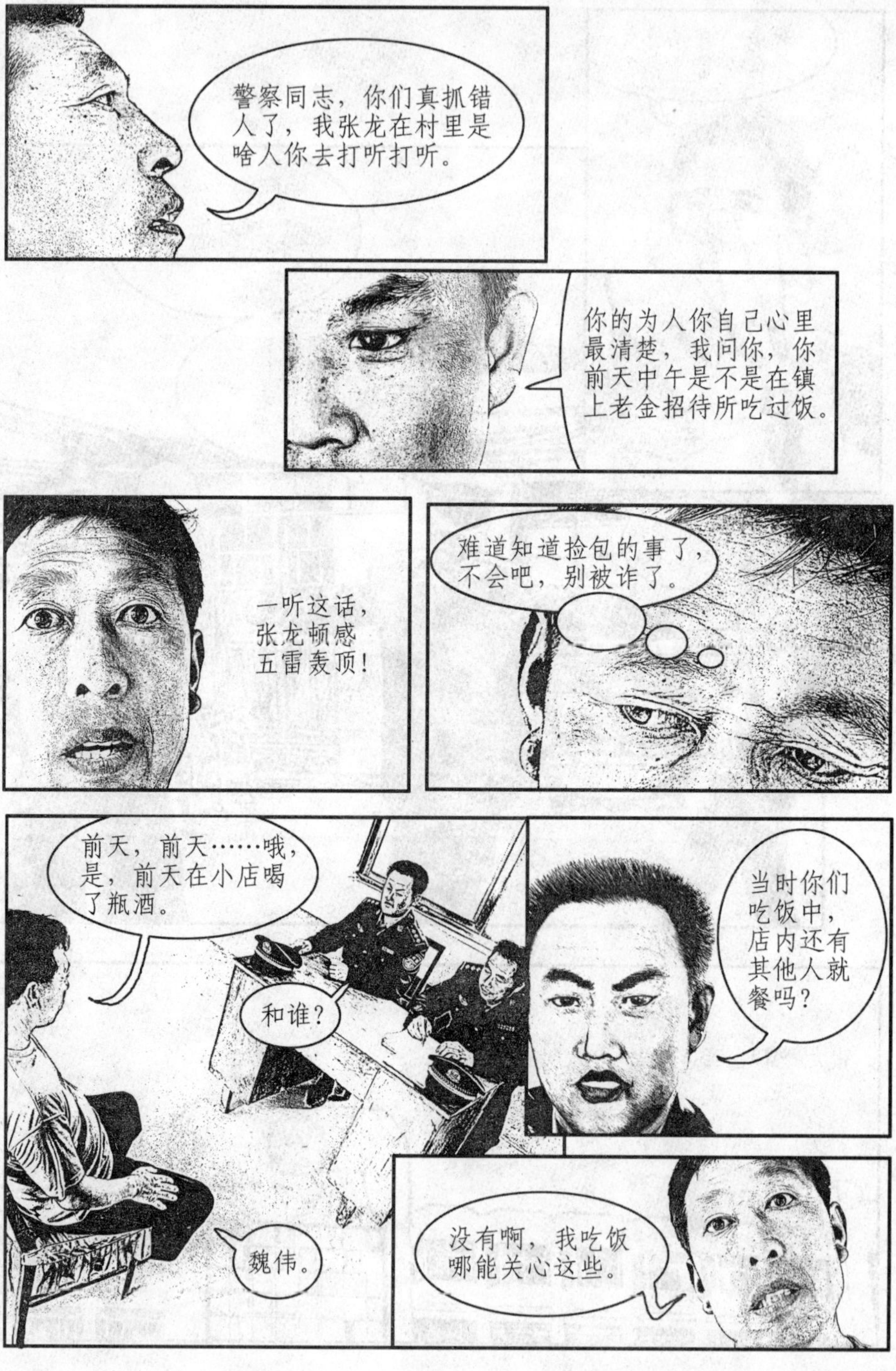
警察同志，你们真抓错人了，我张龙在村里是啥人你去打听打听。
你的为人你自己心里最清楚，我问你，你前天中午是不是在镇上老金招待所吃过饭。
一听这话，张龙顿感五雷轰顶！
难道知道捡包的事了，不会吧，别被诈了。
前天，前天……哦，是，前天在小店喝了瓶酒。
和谁？
魏伟。
当时你们吃饭中，店内还有其他人就餐吗？
没有啊，我吃饭哪能关心这些。

可老金说你一直在盯着对桌一个外地吃客。
外地吃客……不明白你说什么。
张龙，你不要赖了，我这是在给你立功赎罪的机会，难道我非要把证据摆在你面前吗？
023689
实话告诉你，丢钱的人已经报案，老金已作了证词笔录，证明你曾在结账时有意地向放黑包儿的桌子移动。
啊！
民警同志，民警同志，我姓张的要是拿了这个包，天打五雷轰。
少来这套。

你不承认是吧，好，这是你咎由自取，罪定重可别说我没给你自救的机会。
看看，这是你妻子的证词笔供，已经交代了你和她诉说的作案全过程。
啊！

人证在，你再来看物证。
这是你妻子提供的那丢钱人包钱的黑包儿，现已经被失主确认，就是这块黑包布。
上面有丢钱人和你，还有你妻子的指纹。
这……这……

人证物证俱在，你还有什么话说？

我……民警同志，我……我招，全招。

审训室里，张龙交代了全部作案过程。

法院认为：根据《中华人民共和国刑法》第二百七十条之规定，应以侵占罪判处张龙拘役六个月。

引火烧身
绘画　肖刚
幸福村
陈国栋刑满被释放后，与同村的李云结了婚。李云是个离过婚的人，遇到陈国栋以后，过上了好日子。
我们结婚快一年了，现在这日子让我觉着真安生。
呵呵，安生就好，人生有几时好日子。

唉，以前真是白活了。
过去的事就不要再想了。
一想起那孙秋，我就来火，差点害了我这辈子。
那时候跟着他是提心吊胆，真不是人过的日子。
咦！媳妇，你没感觉咱这屋里突然变亮了吗？
是啊，哪来的光？

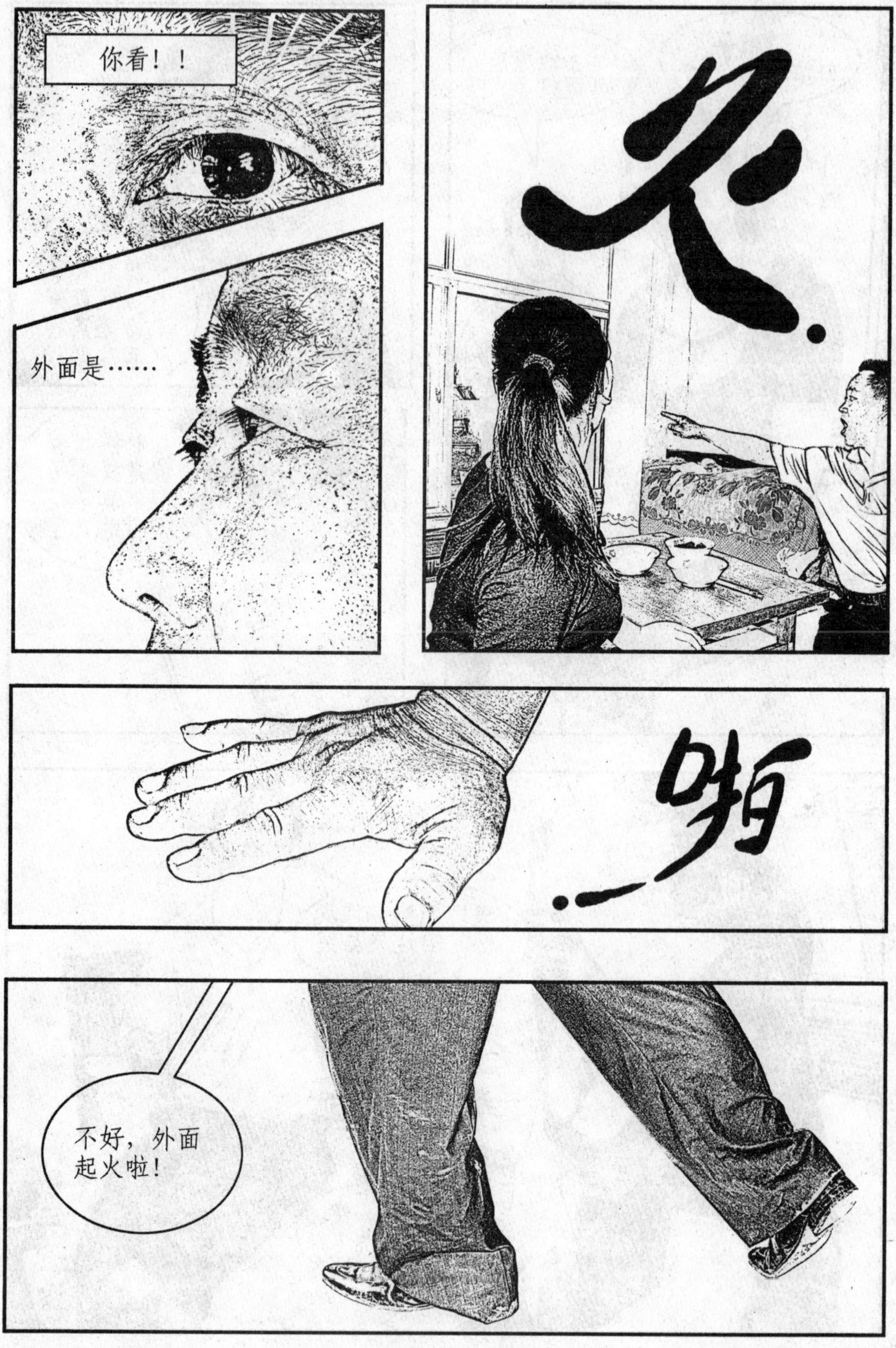
你看！！
外面是……
火.
不好，外面起火啦！

不好，是咱们的
柴禾堆起火了！
快！媳妇拿水！
火
呼
扑
呼呼
两人苦战一小时，火终于灭了……
呼

哎哟呀！我的天，好累呀，这刚吃完饭都快吐出来了。
幸亏你发现得快，这火怎么说起就起？
天知道，这柴禾堆昨天起火，今天又起火，真邪门。
不对，这里面有问题。家里就你我俩人，我又不抽烟，这火哪来的？

你是说有人放火……
对，只有这一种可能！！
报案，报案，媳妇，你立刻找手机报警。
李云在家吗？

是谁？来啦！
你好，我们是镇派出所的，接到你的失火报案，特来做下笔录。
天，这么快。
刚才起火现场我也看了，先问你几个问题。
问吧，你先请坐。

这些日子你们两口子得罪过什么人没有？
想起个事，小卖部老张媳妇对我说过，千万别和人打架。
就你，算了吧，别人不找就不错了。
警察同志，他呀，就一个老实人。
你能再详细说下老张媳妇对你说的话吗？
其实老张媳妇话里说得是孙秋，这话我听的出来。
孙秋是谁？

警察同志，孙秋也是这村的，是我以前的那口子，我们离婚了……
这是我从失火现场捡到的烟头和烧剩的布条，这是你们家的吗？
不是，我们家没有这种布。
烟肯定不是，我这口子不抽烟。
据我的推断，就是烟点着了带汽油的布而后使柴禾燃烧。

谁这么缺德？警察同志，你可要查到底啊。
放心，这是我的职责。

行，你们先忙着，我到小卖部找老张媳妇了解下情况。
好，你慢走。

小卖部
警察同志，我也是就那么随耳一听。
不管你听到看到什么，如实反映下。
行，前阵子孙秋一直到我这儿玩麻将……
孙秋这个人爱喝爱赌，喝醉还爱动粗，以前的老婆就是失火那家的李云，现在离了。
为什么离？
还不就是受不了了，那个打呀，喝多就打。

这还不算，赌的是一月一月家里看不见钱。
幸福生活 年年有余
那你怎么知道孙秋要报复李云？
我也是听他这么一说，那天打麻将，孙秋老点炮。
于是便骂骂咧咧，说自己背到家了。我看不惯，顺口说了一句，就你又喝又赌，这一辈子你都背，还说什么家，哪家女子能跟你过。
孙秋说什么？
孙秋火了，说不能白离，一定要找机会报复报复。

幸福生活年年有余
我也只听这么个话，就告诉李云老头子小心点。
上次打麻将后，你再见过孙秋吗？
李云家着火这两天，他天一黑就来了，来了就闷半斤酒，完了就脚高脚低地走了。
那他还说些什么了吗？
没说什么，把我的打火机拿走了，挺急的。
孙秋离你家多远？
200米往西。李云和他离了，特意让现在的婆家在东头新盖的房，为的就是离他远点。

好，先了解到这儿吧，谢谢你的支持。
应该的，走好。

这里是孙秋的家吗？
是啊。
你是孙秋邻居？
嗯。

昨晚你看见孙秋了吗？
看见了，先是小卖部碰见他喝酒，完了又到我家来要我陪喝，被我媳妇轰出去了。
等我出来关大门，又见他拎酒瓶说再打点自个儿喝。
行，谢了，我找孙秋聊聊。
好，你劝劝他，别喝了。
孙秋在家吗？
谁……
谁呀……

呀！是警……
警察大哥……
025266

你这怎么来我家啦？
啥事啊？我们好像
不认识吧。

我是来了解下情况，
要求你配合下。
噢！是这
样，抽烟，
抽烟。

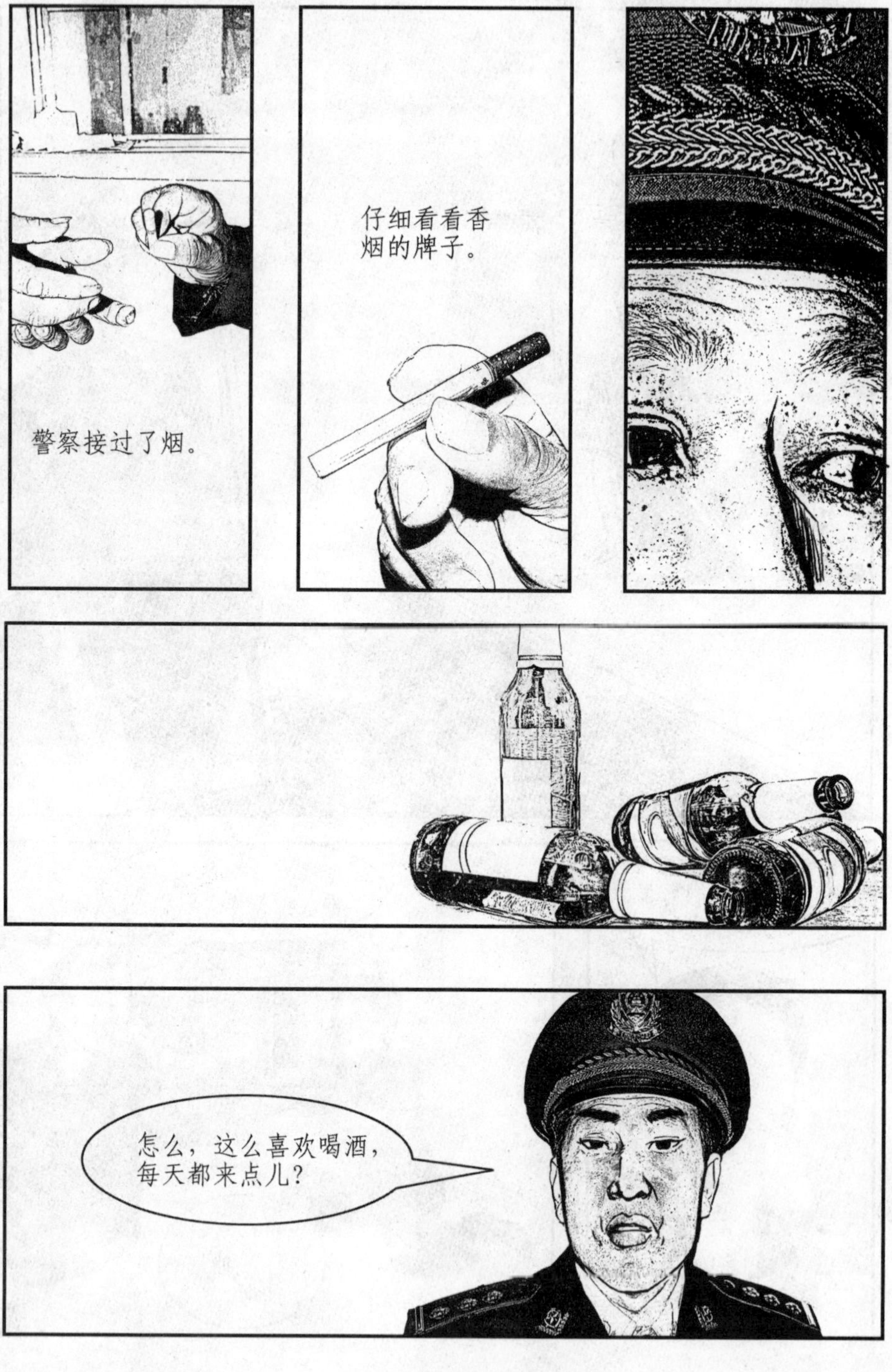
警察接过了烟。
仔细看看香烟的牌子。
怎么，这么喜欢喝酒，每天都来点儿？

是……啊，不。
咋的？
早就断顿了，这不全空了嘛！这几天，我天天晚上在小卖店喝酒。
你没喝高吧，这不还有半瓶吗？

哇呀，汽油，
难怪没喝。

嘿嘿，不好意思，见笑了，放错地方啦。
昨天晚上你去做什么了？
喝酒，睡觉啊。
不对，喝多了和人打架了吧。
没呀，哪的事啊！

没有？你看这衣服袖子裂了，这不是吗？

警察仔细看这衣服又掏出柴垛边烧的布条和衣服比对。

孙秋，看来你有嫌疑呀，跟我到派出所走一趟吧！
在派出所里，当警察出示了烟头、布条等铁证后，孙秋低下了头。
原来，自从李云和他离婚，他一直怀恨在心，整天想着报复。

由于离婚后没人管束，日子更是一落千丈，外加村里人的嘲笑，孙秋不但不知错，还把所有的一切都算到李云头上。
昨天晚上，在小卖部里喝完酒后，回家越想越生气，就撕了旧衣服袖子，揣上瓶准备好的汽油，直奔李云家的柴垛。
不对，你没老实交代！
我说……
我说……
我前天还去了一次，那次手里就有打火机，不好用，起了点小火就被扑灭了。

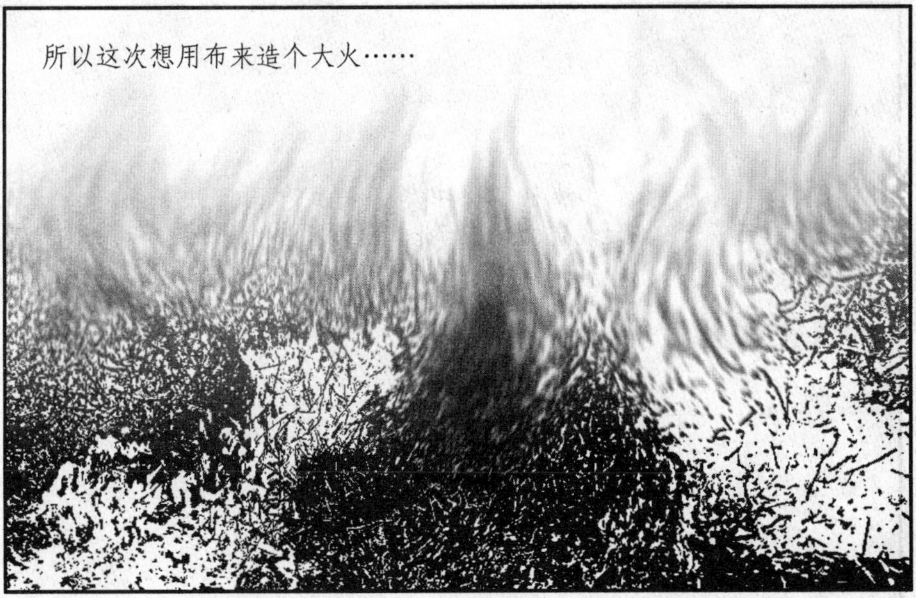
所以这次想用布来造个大火……

孙秋的行为虽未构成严重后果，
但影响极坏，法院判处其有期
徒刑三年。

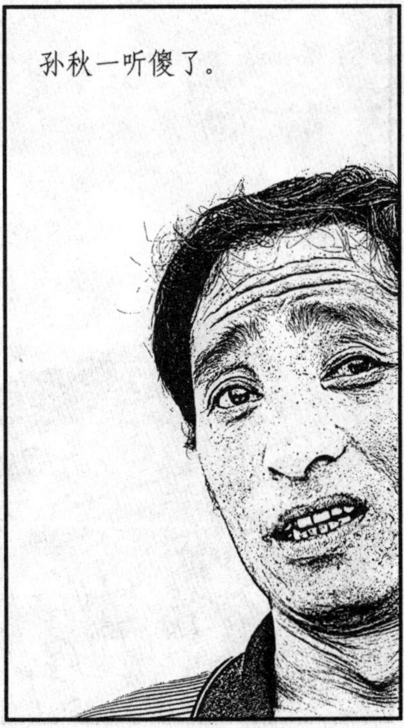
孙秋一听傻了。

孙秋的行为触犯了《中华人民共和国刑法》第一百一十四条之规定，法院因此作出了以上判决。

本辑适用法条：

《中华人民共和国刑法》

第一百一十八条　破坏电力、燃气或者其他易燃易爆设备，危害公共安全，尚未造成严重后果的，处三年以上十年以下有期徒刑。

第一百一十九条　破坏交通工具、交通设施、电力设备、燃气设备、易燃易爆设备，造成严重后果的，处十年以上有期徒刑、无期徒刑或者死刑。

过失犯前款罪的，处三年以上七年以下有期徒刑;情节较轻的，处三年以下有期徒刑或者拘役。

第二百六十四条　盗窃公私财物，数额较大或者多次盗窃的，处三年以下有期徒刑、拘役或者管制，并处或者单处罚金;数额巨大或者有其他严重情节的，处三年以上十年以下有期徒刑，并处罚金;数额特别巨大或者有其他特别严重情节的，处十年以上有期徒刑或者无期徒刑，并处罚金或者没收财产;有下列情形之一的，处无期徒刑或者死刑，并处没收财产：

(一)盗窃金融机构，数额特别巨大的;

(二)盗窃珍贵文物，情节严重的。

《关于办理盗窃案件具体应用法律的若干问题的司法解释》第三条对破坏电力设备罪和盗窃罪的竞合问题的处理作出了更明确的规定，即“盗窃电力设备，危害公共安全，但不构成盗窃罪和破坏电力设备罪的，依照刑法处罚较重的规定定罪处罚。盗窃电力设备，没有危及公共安全，但应当追究刑事责任的，可以根据案件的不同情况，按照盗窃罪等犯罪处理”。

《中华人民共和国刑法修正案（二）》

（2001年8月31日第九届全国人民代表大会常务委员会第二十三次会议通过）

为了惩治毁林开垦和乱占滥用林地的犯罪，切实保护森林资源，将刑法第三百四十二条修改为：

“违反土地管理法规，非法占用耕地、林地等农用地，改变被占用土地用途，数量较大，造成耕地、林地等农用地大量毁坏的，处五年以下有期徒刑或者拘役，并处或者单处罚金。”

本修正案自公布之日起施行。

后 记

为普及法律知识，建设社会主义法治国家，国家规划了以五年为一阶段的法制宣传教育工作。如今，第七个五年的普法规划，已经正式写入国家的“十三五”规划中来，可见普法教育的重要性及迫切性。

目前，在我国广大的农村地区，农民朋友的法律素养与法律意识还普遍偏低。有些农民朋友因不知法、不懂法而犯法的事件时常发生。究其原因，除了农民朋友自身的文化素质偏低外，还和农民朋友获取法律知识的途径狭窄有关。由于传统的普法教育活动形式单一而又枯燥，不能有效提高农民朋友学习法律的积极性，致使普法活动的开展难以达到预期的效果。因此，如何在农村地区更好地实施普法教育活动，让农民朋友脱掉法盲的帽子，提高农民朋友的法律意识，是摆在普法教育工作者面前的一项艰巨任务，也是每个出版人的社会职责所在。

为此，我们组织省内法律界的权威人士，集结社内最优秀的编辑，深入农村地区，实地调查、研究，与农民朋友吃住在一起，通过与他们深度的来往，了解到了他们在法律问题上的最大困惑、最大需求，并为他们量身定做了这套《农村普法教育连环画读本》系列丛书（100册）。

本系列图书，涉及民法、婚姻法、刑法、农村土地承包法、物权法、继承法、合同法等几大与农民朋友息息相关的法律内容。以连环画的形式向农民朋友讲述一个个法律故事，再通过这些故事告诉农民朋友什么是违法，遇到权益受损的时候该怎样使用法律武器。漫画情节通俗易懂，人物对白符合农民朋友的语境，法律讲解言简意赅，有趣生动的语言完全能抓住农民朋友的阅读心理。而且书中人物造型栩栩如生，环境、场景均设置在农村，拉近了故事与读者之间的距离，让农民朋友能够更真切地感受到自己就身处在法治社会，人人都能拿起法律武器来保护自己。

衷心希望这套图书能走进每一个村庄，让每个农民朋友都能够读到它，并从中有所收获。

图书在版编目（CIP）数据

刑法. 1 / 彭涌, 胡云飞主编. -- 2版. -- 哈尔滨：黑龙江美术出版社, 2014.2
（农村普法教育连环画读本）
ISBN 978-7-5318-4471-6

Ⅰ. ①刑… Ⅱ. ①彭… ②胡… Ⅲ. ①刑法－中国－通俗读物 Ⅳ. ①D924-49

中国版本图书馆CIP数据核字(2014)第028528号

农村普法教育连环画读本——刑法1

NONGCUN PUFA JIAOYU LIANHUANHUA DUBEN——XINGFA1

出 品 人 / 金海滨
主　　编 / 胡云飞　彭　涌
责任编辑 / 李　旭　颜云飞
绘　　画 / 肖　刚
整体设计 / 杨　鑫　王　瞰

出版发行 / 黑龙江美术出版社
地　　址 / 哈尔滨市道里区安定街225号
邮政编码 / 150016
发行电话 / （0451）84270514
网　　址 / www.hljmscbs.com
经　　销 / 全国新华书店
制　　版 / 黑龙江美术出版社
印　　刷 / 汤原县民生印刷有限责任公司
开　　本 / 720mm × 1020mm　1/16
印　　张 / 11
版　　次 / 2011年4月第1版
2014年2月第2版
印　　次 / 2018年4月第2次印刷
书　　号 / ISBN 978-7-5318-4471-6
定　　价 / 20.00元